INVESTIMENTOS INTELIGENTES

GUIA DE ESTUDO

Gustavo
CERBASI

Autor de
Casais inteligentes enriquecem juntos

INVESTIMENTOS INTELIGENTES GUIA DE ESTUDO

PARA CONQUISTAR E MULTIPLICAR O SEU PRIMEIRO MILHÃO

THOMAS NELSON BRASIL

Rio de Janeiro
2009

Investimentos inteligentes: Guia de estudo

Editor responsável
Nataniel dos Santos Gomes
Supervisão Editorial
Clarisse de Athayde Costa Cintra
Produtora Editorial
Fernanda Silveira
Capa
Valter Botosso Jr.
Revisão
Margarida Seltmann
Magda de Oliveira Carlos Cascardo
Projeto gráfico e diagramação
Julio Fado

CIP-BRASIL. CATALOGAÇÃO NA FONTE
SINDICATO NACIONAL DOS EDITORES DE LIVROS, RJ

C391i

Cerbasi, Gustavo, 1974-
Investimentos inteligentes: guia de estudo / Gustavo Cerbasi. - Rio de Janeiro: Thomas Nelson Brasil, 2009.

Inclui bibliografia
ISBN 978-85-7860-049-5

1. Finanças pessoais - Administração - Problemas, questões, exercícios. 2. Investimentos - Análise - Problemas, questões, exercícios. 3. Segurança financeira. 4. Riqueza. I. Título.

09-3092. CDD: 332.024007
CDU: 330.567.2(07)

Rua Nova Jerusalém, 345 – Bonsucesso
Rio de Janeiro – RJ – CEP 21402-325
Tel.: (21) 3882-8200 – Fax: (21) 3882-8212 / 3882-8313
www.thomasnelson.com.br

Sumário

PARTE II

NÃO LHE FALTAM ALTERNATIVAS

Introdução

"Enriquecer é uma questão de escolha."

Essa frase com jeito de *slogan* é, na verdade, um princípio cuja veracidade pode ser atestada na vida de milhares de pessoas que se permitiram o privilégio de conhecer a obra de Gustavo Cerbasi. Mestre em Administração e Finanças pela Faculdade de Economia, Administração e Contabilidade da Universidade de São Paulo (FEA/USP), autor de vários *best-sellers* sobre finanças pessoais e uma das maiores autoridades no país sobre o tema, Cerbasi é, ele mesmo, prova e testemunha da eficácia desse conceito norteador que transformou o mito da ascensão financeira em uma realidade simples e acessível.

Não se trata de fórmula mágica, receita miraculosa ou ciência hermética. Ganhar dinheiro para garantir um futuro tranquilo e confortável — a famosa "independência financeira" que todos perseguem — é exatamente o que o autor afirma: uma simples questão de opção. "Basta, para isso, gastar menos do que você ganha e investir com qualidade a diferença, seguindo um projeto pessoal de vida." Simples assim. Nesse caso, por que todas as pessoas do mundo não enriquecem? A resposta é igualmente simples: porque lhes falta a disposição de colocar em prática esse princípio. Ele é fácil de entender, mas exige uma série de iniciativas que começam no planejamento, passam pela escolha dos investimentos e se desdobram na manutenção do equilíbrio financeiro, uma vez alcançado.

Em vários livros de sucesso e diversas palestras ministradas no Brasil e no exterior, Cerbasi jamais evocou para si o crédito pela descoberta do "caminho para as Índias" da prosperidade financeira. Tudo o que faz é traduzir para o leitor não iniciado o jargão do mercado e ensiná-lo a trafegar por seus caminhos sinuosos. E é nisso que se destaca. Com formação sólida, experiência vasta e linguagem acessível, ele oferece ideias e estratégias para seguir um projeto de vida bem definido, gastando de maneira racional e investindo com sabedoria.

Assim, não fica difícil entender a razão do sucesso de *Investimentos inteligentes*, primeiro livro de Gustavo Cerbasi publicado pela Thomas Nelson Brasil. O interesse pela obra foi tamanho que a editora deu início a um projeto complementar: este *Guia de estudo*, com exercícios, propostas de temas para grupos de discussão, relatos de casos, jogos e trechos destacados da obra original. Supervisionadas pelo próprio autor, as atividades deste livro foram planejadas para proporcionar ao leitor vários cenários práticos e, desse modo, compreender o grande valor das orientações reunidas no livro-matriz.

Você perceberá que os exercícios e as reflexões que *Investimentos inteligentes: Guia de estudo* propõe seguem a mesma estrutura da obra que o originou, dividido em doze capítulos correspondentes. Para algumas das atividades propostas é necessário o envolvimento de outras pessoas, em especial nos casos de discussões e debates sobre comportamentos. O objetivo desses exercícios em grupo é determinar a inteligência financeira característica de seu *network* (rede de relacionamentos), que inclui seus amigos, parentes, conhecidos, colegas de trabalho e novos contatos — enfim, pessoas que podem contribuir, de algum modo, para a formação de uma identidade própria e adequada no que se refere ao seu perfil financeiro. Portanto, não se acanhe: convide mais gente para compartilhar opiniões e experiências. Esse intercâmbio pode ajudar na identificação de virtudes ou fraquezas importantes nesse processo.

Aproveite também para retirar importantes lições dos vários *cases* que Gustavo Cerbasi selecionou — um para cada capítulo. É bem possível que você encontre em um ou mais relatos vários pontos em comum com alguma experiência pela qual tenha passado ou esteja passando.

Enfim, aproveite ao máximo este livro e persiga seus objetivos. Com planejamento e inteligência, você é capaz de realizar seus maiores sonhos e construir a tranquilidade financeira que almeja.

OS EDITORES

PARTE I

ONDE VOCÊ ESTARÁ PISANDO

Capítulo 1

Investir é multiplicar

Assimilação

Logo no início do livro *Investimentos inteligentes*, o autor reafirma um princípio bastante conhecido, segundo o qual o primeiro milhão é sempre o mais difícil de se ganhar (páginas 17 e 18), e oferece uma sustentação matemática para tal asserção. Você concorda? Justifique sua resposta:

"A moradia não é um investimento, mas sim um consumo. O dinheiro consumido em uma moradia não se propõe a ser multiplicado." Você já pensou nisso antes? Em algum momento de sua vida imaginou a aquisição da casa própria como um ato de consumo? Até que ponto essa revelação pode alterar seu conceito de investimento? Faça uma comparação com a ideia que você tinha a respeito do assunto até então.

Ao lembrar a maneira como seu pai e seu avô administraram as finanças da família e o resultado das decisões que eles tomaram, qual a conclusão que você pode tirar? Você herdou um legado positivo ou negativo? O que você pode mudar daqui para frente?

No primeiro capítulo de *Investimentos inteligentes*, Gustavo Cerbasi lista várias maneiras de aplicar os recursos financeiros que não oferecem os ganhos que muitos acreditam gerar, como compra de dólares, títulos de capitalização etc. Pare agora e faça um levantamento para verificar em quantos desses supostos investimentos você tem colocado dinheiro. Em seguida, calcule a proporção a que esse valor corresponde em relação ao seu patrimônio. O que isso lhe diz em relação à sua capacidade de investimento? O que precisa mudar? Você tem aplicado em sua vida o princípio segundo o qual "investir é multiplicar"?

Cerbasi fala de três "eras" de enriquecimento: a primeira, com imóveis; a segunda, com juros; e a terceira, com a solidez econômica. Se você conquistou um bom nível de riqueza, pode identificar quais as fases em que obteve melhores ganhos? Acha que alguma das duas primeiras foi, de alguma maneira, melhor do que a atual estabilidade econômica? Por quê?

Benefício

No primeiro capítulo de *Investimentos inteligentes*, o autor trata do próprio conceito de investimento, fazendo a diferença entre aplicações que realmente oferecem remuneração e outras que, no máximo, se transformam em patrimônio — uma boa maneira de começar a abordar o tema central do livro.

O que você pode depreender do conteúdo do capítulo 1? Dedique agora alguns minutos para elaborar duas listas. Na primeira, você colocará, em forma de tópicos e de maneira resumida, as melhores aplicações de recursos que se lembra de ter feito. Na outra, indique as piores aplicações. Com as duas listas em mãos, sublinhe ou marque de alguma maneira aquilo que pode ser considerado "investimento" de fato. Esse será o seu ponto de partida para formar novos hábitos e mudar seus paradigmas.

Caso

F., 62 anos, é um pequeno agricultor e empresário que vive em uma cidade interiorana. Mantém tranquilamente sua família com o *pro labore* e dividendos obtidos com uma pequena indústria de autopeças, um negócio estável e com clientela diversificada. Vive um padrão de vida sem grandes luxos, com gastos familiares mensais médios de R$ 10 mil. Com os rendimentos obtidos por meio da produção de uma pequena propriedade agrícola familiar, formou uma reserva de cerca de R$ 4 milhões, totalmente investidos em uma caderneta de poupança, uma vez que ele abomina o risco nos investimentos. Quais recomendações você faria?

Sugestões de Gustavo Cerbasi

Levando em consideração a idade, o padrão de vida e a estabilidade financeira, não se recomenda direcionar para renda variável parte das reservas financeiras, até mesmo porque parte de seu patrimônio constitui-se de um negócio próprio. A independência financeira está assegurada, e a principal necessidade é a de preservar o patrimônio. Recomendações: resgatar pelo menos 95% dos recursos da caderneta de poupança e distribuir os investimentos da seguinte forma:

- 50% em um VGBL com regime de tributação progressivo, visando assegurar a disponibilidade imediata de recursos à sua família em caso de falecimento ou invalidez;
- 45% em um CDB, com taxa negociada em pelo menos três instituições financeiras de grande porte diferentes;
- 5% em caderneta de poupança, objetivando manter a liquidez imediata sem penalizar a rentabilidade com tributação elevada (o que aconteceria em outros produtos de renda fixa).

Debate

No primeiro capítulo, Cerbasi faz um comentário sobre a máxima "pai rico, filho nobre, neto pobre" (página 2). Antes de debater o tema, proponha ao grupo que todos contextualizem essa afirmação, inclusive citando casos que os componentes do grupo conheçam — não é necessário identificar os personagens reais, para evitar constrangimentos.

Em seguida, discutam e enumerem pelo menos cinco características comuns aos casos mencionados:

1ª característica:

2ª característica:

3ª característica:

4ª característica:

5ª característica:

____

____

____

____

Por fim, com total honestidade e transparência, cada membro do grupo deve reconhecer com qual (ou quais) dessas características se identifica. Nesse momento, os participantes oferecem um ao outro alternativas de comportamento que possam, de alguma maneira, ajudar na mudança de paradigmas, inclusive a partir de lições aprendidas por experiência própria.

Escolha

Muitos que empreendem um negócio próprio o fazem com a ilusão de que irão "mamar" nos lucros da empresa. Essa ideia geralmente parte da observação de empreendedores de sucesso, que aparentemente tocam seu negócio com facilidade, fazendo-o crescer a passos de gigante. Infelizmente, muitos negócios já começam fracassados por partirem dessa ilusão. Quando alguém monta um negócio, em qualquer ramo, normalmente é feito um esforço imenso, nos primeiros meses ou anos desse negócio, para que ele cresça e se destaque dos demais. Quem o vê como um investimento, percebe que não se deve retirar lucros ou dividendos de uma pequena empresa nos primeiros meses, pois esse pequeno negócio precisa contar com toda a capacidade de reinvestimento possível.

Em vez de utilizar o caixa que sobra dos poucos negócios iniciais, o bom investidor investe seus ganhos em marketing, treinamento, melhoria do atendimento e automação de seus processos. Somente quando o empreendimento "engrena", ou seja, quando começa a funcionar em velocidade de cruzeiro, é que o bom investidor começa a colher os frutos de seu plantio. Normalmente, é nessa fase que o negócio já se tornou conhecido, e que inspirados futuros empreendedores começam a invejar o sucesso de seu inspirador, querendo ter um negócio similar.

Parece fácil comer os frutos, mas é porque não observamos o sacrifício do plantio. Se você pensar em montar uma empresa e entendê-la como um investimento que precisará de um período de maturação, estará no caminho certo. Se tiver planos de montar uma empresa porque está precisando tirar dinheiro de algum lugar para se manter, é bem provável que seu negócio não contará com o fôlego necessário para crescer, e que, por isso, minguará à sombra do sucesso de outros empreendedores. Pensando assim, seu negócio será apenas um meio trabalhoso de perder seu dinheiro.

Investimentos inteligentes, páginas 26-27

Capítulo 2

Obstáculos ao investidor iniciante

Assimilação

No início do capítulo 2, Gustavo Cerbasi fala de dois riscos que um investidor corre: o de, pela falta de conhecimento, fazer escolhas inadequadas ou mesmo erradas; ou o de, pelo excesso de confiança em sua experiência, deixar de agir de modo racional e se organizar corretamente, pensando no longo prazo. Analisando sua situação atual, você acha que pode correr um desses dois riscos? Por quê?

Você acredita na existência de "máfias" que controlam determinados setores, como leilões e Bolsa de Valores? O que mais intimida você quando se trata de investimentos supostamente controlados por essas "máfias"? Você já parou para considerar a hipótese de que, na verdade, seja o seu desconhecimento o principal motivo desse "medo"?

Volte a ler o capítulo 2 do livro *Investimentos inteligentes*. Qual a diferença entre bons economistas e profissionais irresponsáveis, daqueles que parecem falar do futuro do mercado financeiro como se tivessem uma bola de cristal?

"Como cada mercado tem suas próprias regras, vícios e lógicas, o melhor analista a ser consultado é aquele que realmente estuda o que você investe", afirma Gustavo Cerbasi. Considerando o seu perfil de investimentos, que tipo de analista você consideraria mais apropriado para servir como consultor?

Quais os melhores conselhos no que diz respeito à maneira de lidar com os analistas financeiros? Consulte a página 45 de *Investimentos inteligentes* antes de responder.

De acordo com a leitura do texto do capítulo 2 de *Investimentos inteligentes*, defina um *trader*. Tente usar suas próprias palavras para se certificar de que você entendeu a explicação do autor.

Faça o mesmo com o termo "grafista".

Como você definiria o "efeito manada"?

Quais são as virtudes e as deficiências das orientações oferecidas pelos consultores chamados "fundamentalistas"?

Como lidar com os *insiders*? Você já teve alguma experiência negativa (prejuízo no investimento) por seguir um conselho com base em informações pretensamente privilegiadas, mas que se revelaram enganosas?

No capítulo 2 de *Investimentos inteligentes*, Gustavo Cerbasi fala sobre a origem da crise financeira que o mundo vive hoje: a forma equivocada como alguns bancos americanos lidaram com o *subprime*, oferecendo crédito imobiliário a pessoas que não tinham capacidade de honrar os pagamentos. Faltou visão sobre o resultado desse erro. Você acha que o mercado financeiro é uma questão de "sorte" ou um acompanhamento eficiente do panorama pode ajudar a evitar prejuízos?

Cite alguns investimentos inseguros ou pouco recomendáveis mencionados pelo autor no capítulo 2 de *Investimentos inteligentes* e explique por que devem ser evitados.

Benefício

Seu banco oferece a você um gerente "exclusivo"? Você conta com a ajuda de alguém na hora de decidir seus investimentos? É uma pessoa confiável, um especialista de fato, ou apenas uma pessoa que parece (ou apenas se acha) mais experiente que você? Ou você prefere tomar sozinho(a) as decisões quanto a seus investimentos com base no que ouve falar ou pesquisa?

Está na hora de descobrir quem está trabalhando, de fato, a seu favor. Faça duas listas de investimentos que você já fez e dos quais consegue lembrar. Em ambas, tente se lembrar dos valores aproximados que investiu e as modalidades nas quais colocou seus recursos financeiros (ações, fundos, dólares etc.). Observação: a primeira lista deve conter todos os bons investimentos, aqueles que, segundo o seu julgamento, podem ser considerados lucrativos. Na segunda, anote os maus investimentos, ou seja, aqueles que redundaram em ganhos irrisórios, nenhum ganho ou mesmo perdas. Ao terminar essas listas, relacione cada episódio (positivo e negativo) com a pessoa que indicou aquele investimento — se for o caso, você mesmo.

Ao terminar esse exercício, você terá um painel bastante interessante e esclarecedor quanto à orientação que vem recebendo no que diz respeito a seus investimentos. Pode ser que chegue à conclusão de que o valor pago a uma consultoria especializada compensa pela segurança que oferece em termos de resultados.

Caso

M., 55 anos, mantinha sua família — esposa e três filhos adolescentes — com a renda de seu trabalho, recebendo cerca de R$ 5 mil mensais como fruto de uma intensa e desgastante rotina de trabalho como consultor autônomo. Suas reservas financeiras resumem-se a R$ 10 mil, aplicados em um fundo de renda fixa pós-fixado. Há um mês, seu pai faleceu e ele descobriu que terá à sua disposição, quando o processo de inventário estiver concluído, uma herança de R$ 2 milhões composta exclusivamente de ações de duas grandes empresas brasileiras. Mais de 90% do valor dessa carteira corresponde a lucros sobre o investimento inicial, o que implicaria grande pagamento de Imposto de Renda em caso de venda dos papéis. Quais recomendações você faria?

Sugestões de Gustavo Cerbasi

O objetivo é ter mais segurança nos investimentos e preservar os rendimentos obtidos por eles, permitindo elevar o pa-drão de vida da família. Considerando que o lucro sobre a venda de ações não é tributado para um total de vendas inferior a R$ 20 mil mensais, as recomendações seriam as seguintes:

- reunir a família para discutir a nova situação e os riscos de não se perceber a ameaça por trás de qualquer euforia associada a ela. O padrão de vida da família deve aumentar gradualmente, preferencialmente com decisões tomadas em conjunto por todos;
- vender imediatamente 25% da carteira de ações e aplicar o resultado em um fundo de renda fixa pós-fixado, assumindo a tributação devida, porém conferindo mais segurança à carteira de investimentos e liquidez aos resgates;
- iniciar uma programação de venda mensal de ações da ordem de R$ 19.900,00, visando realizar lucros sem tributação;

- utilizar metade do valor da venda para manter o padrão de consumo da família e a outra metade, reinvestir em renda fixa pós-fixada ou imóveis;
- manter esse processo até ter uma carteira composta de três tipos de investimento (por exemplo: imóveis, renda fixa e ações) com aproximadamente um terço do patrimônio em cada tipo;
- oferecer para aluguel a parcela da carteira de ações que não esteja prevista para ser vendida nos próximos três meses, visando auferir rendimentos extras com segurança.

Debate

O autor fala sobre vários tipos de profissionais que se apresentam como consultores financeiros. É bem provável que você e pessoas de seu conhecimento (amigos, parentes, colegas de trabalho etc.) já tenham se deparado com vários deles, e, certamente, todos têm histórias para compartilhar. Reúna algumas dessas pessoas — não muitas, talvez umas cinco ou seis —, apresente a lista a seguir e permita que todos falem sobre experiências que tiveram ao ouvir conselhos de um ou mais desses consultores.

- O *economista doméstico*: ensina a gastar menos nas contas de luz, telefone e água.
- O *professor de matemática ou de estatística*: ajuda a fazer contas mirabolantes com *conclusões impressionantes.*
- O *consultor tributário*: ensina a pagar menos impostos.

- O *agente autônomo de investimentos*: "vende" fundos de investimentos com os quais ele tem acordo para ganhar uma comissão sobre o que a pessoa investe.
- O *microeconomista*: ajuda a interpretar as consequências de uma redução dos juros para o bolso do consumidor.
- O *filósofo*: ajuda a refletir sobre as consequências de cada escolha visando ao bem-estar futuro do investidor.
- O *planejador financeiro*: ajuda a simular a evolução dos esforços de investimento ao longo de vários anos.
- O *advogado do consumidor*: ajuda a desvendar as armadilhas por trás dos contratos.
- O *corretor de seguros*: ajuda a planejar a vida só com seguros e previdência.
- O *analista de investimentos*: ajuda a montar uma carteira de investimentos eficiente com os *produtos da instituição* em que ele trabalha.
- O *gestor financeiro*: ajuda o investidor a refletir para tomar as grandes decisões relativas ao dinheiro ao longo de sua vida.
- O *psicólogo*: ajuda a compreender a irracionalidade de seu comportamento na hora de escolher investimentos ou de consumir.
- O *místico*: tenta convencer o investidor de que o dinheiro tem algum segredo a ser desvendado antes de ele ter o poder de utilizá-lo adequadamente.

Escolha

Quando deparamos com um analista financeiro, é comum surgir a reflexão: "este é o profissional que pode me dar boas orientações para cuidar de minhas finanças." Ao menos é essa reflexão que o título do profissional sugere.

Mas não é bem assim. Diferentes analistas financeiros podem desempenhar atividades radicalmente diversas. Há aqueles que analisam o balanço recém-publicado de uma empresa e o comparam aos de diferentes empresas do mesmo setor, assim como há os que se dedicam a acompanhar a estratégia de fundos de investimento. Há quem modele carteiras eficientes de investimento, e há aqueles que se dedicam a estudar mercados de *commodities* como ouro, gado, grãos e energia. Cada profissional reúne condições que podem conduzir a conclusões interessantes sobre o mercado em que atuam.

Sabe-se que cada mercado tem suas próprias regras, vícios e lógicas, e que o melhor analista a ser consultado é aquele que realmente estuda o que você investe. Se todos os mercados sofressem efeitos parecidos diante de determinado evento, não precisaríamos ter diversas especializações para os analistas financeiros. Bastaria consultar um oráculo, como se fazia na Grécia antiga, para resolver problemas de qualquer natureza.

Tome como exemplo uma análise feita sobre a cotação da moeda estrangeira. Se algum analista disse, por exemplo, que a queda do euro é ruim para os negócios, esse analista está sendo parcial. A queda da moeda estrangeira é ruim para quem exporta, boa para quem importa. Sempre haverá algum investimento prosperando, independentemente de a bolsa estar em alta ou em baixa, de a inflação estar ou não sob controle, de os juros estarem em crescimento ou queda. É nesse investimento que seu dinheiro deve estar.

Como lidar com analistas financeiros: ouça os especialistas, mas seja seletivo. Não importa o mercado em que você investe; sempre haverá profissionais dedicando horas diárias de estudos a esse mercado, e é seu papel pesquisar as fontes de informação para as quais esses analistas fornecem conteúdo. Evite tomar decisões com base em conclusões alarmistas feitas para mercados diferentes do que você investe — tais decisões, na maioria das vezes, serão precipitadas.

Investimentos inteligentes, páginas 44-45

Capítulo 3

O que não fazer

Assimilação

Não existe, no mercado financeiro, alguém que acerte o tempo todo. Mesmo os especialistas mais tarimbados chegaram ao ponto onde estão porque cometeram erros e aprenderam com eles. Você se considera uma pessoa que costuma aprender com os erros que comete? Seja sincero e justifique a sua resposta.

O conselho que Gustavo Cerbasi dá às pessoas que contam com renda muito reduzida é o de orientar todo valor que sobre do orçamento à promoção do aumento dessa renda (cursos, outras atividades etc.), e não exatamente a investimentos. Você concorda ou não com o autor? Justifique sua resposta.

"A receita que melhor funciona para planos de longo prazo é a regularidade. Siga um plano de poupar regularmente um valor que saia de seu orçamento e que você sabe que corresponderá a um tijolo importante de seu grande castelo da fortuna." Você se considera uma pessoa suficientemente disciplinada a ponto de investir com essa regularidade à qual o autor se refere?

Quais as vantagens e desvantagens de ter apenas uma conta-corrente? E de ter mais de duas? Releia o capítulo 3 antes de responder.

Que conselho Gustavo Cerbasi dá ao investidor iniciante, que já dispõe de um pequeno valor mensal, mas não tem tempo nem experiência para administrar uma carteira de investimentos? Você concorda com as orientações que ele fornece?

Há um antigo ditado segundo o qual não se deve guardar todos os ovos em uma só cesta, pois, caso ela caia, perde-se tudo. Você tem todos os seus recursos concentrados em uma só modalidade de investimento? Ela oferece resultados satisfatórios? Seja qual for a sua resposta, você considera seguro ou conveniente agir dessa maneira?

Vale a pena pagar o INSS pelo teto para garantir uma renda maior na aposentadoria? Qual é o conselho que o autor dá àqueles que dispõem de uma sobra de renda e desejam investir na própria tranquilidade quando chegar a aposentadoria?

Por que, segundo Cerbasi, é um erro considerar o PGBL um mau investimento? Qual a principal vantagem, segundo o autor? Se você ainda não tem recursos investidos em PGBL, explique a razão e, à luz das orientações contidas no capítulo, avalie se a sua decisão é a mais adequada à sua situação.

Qual a diferença entre um investimento de "longo prazo" e um investimento "passivo" ou "negligente", segundo Gustavo Cerbasi? Você se considera ou não uma pessoa atenta, no que diz respeito aos seus investimentos? Se a resposta for negativa, justifique-a abaixo.

Você já pensou em fazer um investimento alavancado, ou seja, tomar dinheiro a juros baixos para aplicá-lo em investimentos que podem gerar resultados supostamente vantajosos? Acha que tem experiência suficiente para assumir esse risco? Avalie seu perfil como investidor antes de responder a essa pergunta.

____

____

____

____

____

Benefício

Um dos erros mais comuns a respeito dos quais Gustavo Cerbasi escreve em *Investimentos inteligentes* é o de não diversificar os investimentos. No entanto, mesmo quem diversifica corre o risco de fazê-lo de maneira equivocada. Por isso, sempre é tempo de parar para analisar em quantas e quais "cestas" (modalidades de investimento) estão guardados os "ovos" (recursos financeiros).

Pare um pouco para fazer esse levantamento. Pegue os extratos de seus investimentos e veja se estão adequadamente distribuídos. Caso estejam todos concentrados em um só investimento, por melhor que seja, descubra maneiras de orientar parte deles para outras modalidades que garantam resultados semelhantes aos que você tem hoje em dia, evitando o risco de sofrer prejuízos sobre todo o dinheiro investido, em caso de crise daquela modalidade.

Caso

J., 33 anos, tem uma renda de R$ 1,5 mil mensais. A esposa ganha R$ 500 mensais, e desses R$ 2 mil, eles conseguem fazer sobrar

R$ 200 mensais para poupança. Nenhum dos dois se sente suficientemente seguro em relação à sua estabilidade no emprego. São casados há um ano, não têm filhos, não têm nenhuma reserva financeira e devem R$ 600 a um parente. Sonham em começar a construir sua independência financeira o quanto antes, e querem saber como investir o dinheiro. Quais recomendações você faria?

Sugestões de Gustavo Cerbasi

O baixo nível de renda não assegura ao casal condições de fazer planos para realizar sonhos. O objetivo é aumentar as condições de poupar, sem prejudicar o já baixo padrão de consumo do casal. A primeira sugestão seria usar as sobras de R$ 200 para, nos seis meses seguintes, liquidar a dívida (parcelas de R$ 100) e pagar algum curso que crie diferenciais curriculares para um dos dois ou ambos, visando aumentar a renda e/ou aumentar a estabilidade no trabalho. Após liquidar a dívida, as mensalidades de R$ 100 poderiam começar a compor os primeiros investimentos do casal, preferencialmente em renda fixa pós-fixada, visando formar uma segura reserva de emergências. Com o projeto de aumentar a renda dando certo, a recomendação seria esperar três ou quatro meses para melhorar o padrão de vida, acelerando a formação de poupança e começando a lidar com investimentos um pouco mais arrojados, como fundo de ações ou planos de previdência compostos.

Debate

Neste capítulo, Gustavo Cerbasi fala a respeito de quatorze erros que muita gente comete quando o assunto é investir dinheiro — e não apenas os pequenos investidores ou os menos inexperientes. Por essa razão, ninguém pode se considerar imune a erros nem às instabilidades do mercado financeiro. A melhor postura é manter-se longe da arrogância ou do excesso de confiança: por mais vivência que se tenha, toda hora é apropriada para a pessoa reavaliar seus investimentos. E melhor ainda é quando ela pode trocar informações com outros investidores; afinal, o erro de um pode ser uma excelente lição para o outro.

Por isso, procure reunir alguns investidores que fazem parte de seu círculo de relacionamentos. Se for possível, tente reunir pessoas que já estão no mercado há muito tempo e o conhecem bem, assim como outras que não possuem tanta experiência, mas uma boa sensibilidade. Imprima várias cópias da lista a seguir e entregue uma a cada pessoa. Durante dez ou quinze minutos, cada um deve analisar os tópicos e indicar os principais erros que já cometeu, bem como os resultados desses erros e as soluções encontradas para minimizar os prejuízos. Se alguém está, neste momento, incorrendo em um desses equívocos, também deve "abrir o jogo" sem nenhum constrangimento.

Não há dúvida alguma de que todos sairão desse encontro mais bem preparados para continuar investindo com segurança. Para isso, porém, é importante que todos os participantes dessa reunião se conscientizem de que ninguém é infalível. Esse intercâmbio não deve ser promovido com o interesse de levantar julgamentos nem de fazer comparações — pelo contrário, é importante que todas as pessoas demonstrem espírito de cooperação.

1. Ter uma única fonte de renda.

2. Esperar sobrar dinheiro.

3. Contar com muitas instituições para gerenciar sua riqueza.

4. Contar com uma única instituição para gerenciar sua riqueza.

5. Querer começar grande.

6. Poupar, em vez de investir.

7. Ter um único investimento.

8. Sonegar impostos.

9. Contribuir desnecessariamente para o INSS.

10. Manter o FGTS intocável.

11. Não aproveitar as vantagens de um PGBL.

12. Hiperatividade ou giro excessivo nos investimentos.

13. Paralisia nos investimentos.

14. Alavancagem com possibilidade de perda.

Escolha

Sobre impostos, é preciso ser muito objetivo: se você os deve, pague-os, por maior que seja o trabalho e a burocracia para manter-se em dia com o governo de seu país. Essa é a receita para boas noites de sono tranquilo. Se os impostos que pagamos são injustos ou não — eu acho que são —, isso é assunto para ser resolvido nas eleições, e não na declaração do Imposto de Renda. Mas as consequências do não cumprimento das obrigações fiscais pesam tanto no bolso quanto na honra de muitas famílias. Ao sonegar, você nunca terá a certeza de que o castelo de sonhos que você construiu estará de pé ou não no dia seguinte. Acredito que ninguém gosta de sequer pensar na ideia de ser chamado a prestar contas. Da noite para o dia, uma carta debaixo de sua porta pode lhe tirar títulos nobres como "pai/mãe", "marido/esposa", "empresário(a)" e lhe conferir simplesmente o título de "criminoso(a)". Não vale a pena.

Se a Receita Federal cruza ou não dados aqui ou acolá, ou quando passará a cruzar, dificilmente você ficará sabendo. Melhor não saber da pior forma. Por isso, tente se consolar com meu ponto de vista: quanto mais você ganhar, mais impostos pagará; sonhe, portanto, com o dia em que você pagará impostos milionários a nosso governo. Só não espere nada em troca...

Investimentos inteligentes, página 75

Capítulo 4

A arte de investir — Qualidades do bom investidor

Assimilação

Gustavo Cerbasi inicia o capítulo 4 defendendo a ideia de que a pessoa precisa gostar do que faz para se desenvolver naquela atividade, e isso também vale para as várias modalidades de investimento — quem gosta das atividades rurais tem a tendência de se sair melhor nessa área; quem se interessa por Economia provavelmente se sairá bem com ações; e assim por diante. Você concorda com o autor? Justifique a sua resposta.

___

___

Você se considera uma pessoa perseverante ou tende a desistir quando um empreendimento não oferece os resultados que espera a curto prazo? Cite um ou mais exemplos que justifiquem a sua resposta.

Como você procede quando se trata de planejamentos de curto, médio e longo prazo? Se tivesse de descrevê-los agora, seria capaz? Já parou para pensar na possibilidade de você ter muitas metas, mas nenhuma delas bem determinada, inclusive em termos de prazo? Utilize as linhas a seguir para descrever, de maneira resumida, seus objetivos. Em seguida, pare para analisá-los e, se for o caso, realinhá-los.

Metas de curto prazo:

Metas de médio prazo:

Metas de longo prazo:

Você sabe administrar seu tempo? É capaz de orientá-lo aos investimentos mais adequados ou rentáveis? Utilize o espaço a seguir (e, se necessário, use uma folha de papel extra) para calcular o tempo que você utiliza em seus empreendimentos profissionais e quanto vale (mesmo que por alto) cada dia ou hora de dedicação. Depois de fazer isso, responda: o resultado de seus esforços é compensador? Justifique.

Avalie, com toda honestidade, seu grau de disciplina e organização. No primeiro espaço a seguir, anote as áreas ou as situações nas quais você se considera uma pessoa organizada. Nas linhas seguintes, cite os momentos ou as circunstâncias em que perde o controle de seu tempo e de seus recursos. Com essas duas listas em mãos você poderá identificar qualquer necessidade de ajuste.

Áreas e situações em que mantenho a disciplina e a organização:

___

___

___

___

___

Áreas e situações em que perco a disciplina e a organização:

___

___

___

___

___

No capítulo 4, Gustavo Cerbasi diz que a seletividade é fundamental (ou mesmo um pré-requisito) à diversificação. Explique o que você entende por isso.

___

___

___

___

___

"O rebalanceamento consiste apenas em estipular uma composição bem definida para uma carteira de investimentos e seguir fielmente essa composição, com prazos definidos para recalibrar a carteira." Você compreende o que significa essa técnica? Tente explicar com suas palavras e, em seguida, compare sua resposta com a explicação que o autor oferece na página 106 do livro *Investimentos inteligentes*.

Você tem um "Plano B" para o caso de algum imprevisto negativo, como a falência de um negócio ou a perda de um emprego que garante uma vida estável? Ou, ao contrário, tem um plano alternativo para o caso de algum negócio dar muito certo e você enriquecer repentinamente? Caso tenha, descreva-os abaixo. Se ainda não tem, comece ainda hoje a elaborar e, oportunamente, volte a este livro e preencha os espaços a seguir.

Plano B para o caso de um imprevisto negativo.

Plano B para o caso de um imprevisto positivo.

Você se considera uma pessoa bem informada no que diz respeito aos tributos que cada tipo de investimento implica? Relacione agora seus investimentos, pesquise e anote ao lado de cada modalidade. Em seguida, compare os rendimentos para que você tenha uma ideia mais ampla daqueles que, mesmo aparentando oferecer melhores resultados, acabam não sendo tão compensadores em função das tributações devidas.

Você faz parte de algum Clube de Investimento? Seja qual for a resposta, justifique o motivo.

Benefício

Você pode dizer que tem objetivos bem definidos na vida? Se você se interessou pelo livro *Investimentos inteligentes* e pela obra que tem agora em mãos, é de se supor que também deseje alcançar uma aposentadoria próspera ou compartilhe o sonho de alcançar o primeiro milhão em certo período de tempo. Se ainda não tem um objetivo, é hora de determiná-lo.

A seguir você encontra a reprodução do quadro elaborado por Gustavo Cerbasi, apresentado na página 89 de *Investimentos inteligentes*, no qual o autor projeta vários níveis de investimento sobre diferentes graus de rentabilidade e prazos para mostrar o tempo necessário para concretizar as metas. A partir do momento em que você determina seu objetivo, fica bem mais simples saber o sacrifício que deve fazer agora para alcançar esse objetivo e quanto tempo levará para tornar esse sonho uma realidade.

Prazo para investir (anos)	3	5	8	10	15	20	25	30	35	40
Rentabilidade do investimento/mês										
0,40%	25.778,07	14.720,86	8.530,80	6.483,13	3.788,99	2.479,66	1.723,08	1.241,69	916,38	687,51
0,45%	25.535,91	14.489,84	8.313,81	6.274,91	3.601,66	2.312,11	1.574,22	1.110,31	801,21	587,19
0,50%	25.295,46	14.261,49	8.100,93	6.071,69	3.421,46	2.153,54	1.435,83	990,55	698,41	499,64
0,55%	25.056,73	14.035,83	7.892,11	5.873,44	3.248,28	2.003,70	1.307,50	881,74	607,04	423,62
0,60%	24.819,70	13.812,82	7.687,33	5.680,11	3.081,98	1.862,32	1.188,75	783,18	526,16	357,96
0,65%	24.584,39	13.592,46	7.486,58	5.491,64	2.922,42	1.729,12	1.079,13	694,19	454,85	301,51
0,70%	24.350,77	13.374,75	7.289,80	5.307,99	2.769,48	1.603,82	978,15	614,08	392,22	253,20
0,75%	24.118,84	13.159,66	7.096,98	5.129,11	2.622,99	1.486,11	885,32	542,16	337,40	212,02
0,80%	23.888,61	12.947,19	6.908,07	4.954,93	2.482,81	1.375,70	800,18	477,78	289,58	177,08
0,85%	23.660,06	12.737,32	6.723,05	4.785,40	2.348,77	1.272,28	722,23	420,29	248,00	147,52
0,90%	23.433,19	12.530,04	6.541,88	4.620,45	2.220,71	1.175,54	651,02	369,10	211,96	122,61
0,95%	23.207,99	12.325,35	6.364,52	4.460,02	2.098,47	1.085,17	586,08	323,61	180,81	101,68
1,00%	22.984,47	12.123,22	6.190,93	4.304,05	1.981,86	1.000,85	526,97	283,29	153,96	84,16
1,10%	22.542,40	11.726,59	5.854,92	4.005,21	1.764,89	849,18	424,54	216,16	111,06	57,33
1,20%	22.106,94	11.340,06	5.533,51	3.723,37	1.568,40	718,15	340,52	164,05	79,63	38,79
1,30%	21.678,06	10.963,51	5.226,37	3.457,94	1.391,00	605,46	272,03	123,91	56,79	26,10
1,40%	21.255,69	10.596,81	4.933,12	3.208,32	1.231,28	508,98	216,50	93,19	40,31	17,48
1,50%	20.839,80	10.239,83	4.653,41	2.973,91	1.087,89	426,71	171,72	69,81	28,49	11,65

Caso

W., 38 anos, é empresário de um pequeno comércio, com o qual obtém, com boa margem de segurança, a renda necessária para manter a família. Como tem lido bastante sobre finanças pessoais, sente-se inseguro e gostaria de começar a formar poupança para garantir sua independência financeira. Quais recomendações você faria?

Sugestões de Gustavo Cerbasi

W., provavelmente, não reconhece sua empresa como o grande investimento de sua vida, que merece toda atenção que qualquer investimento mereceria para manter seu crescimento e rentabilidade ao longo da vida. Se o negócio é saudável, tem seus compromissos fiscais e sociais honrados pelos sócios e tem potencial para durar por muitos anos, a recomendação é que haja um investimento constante nessa empresa, preferencialmente por meio da retenção contínua de parte dos lucros. Para quem pratica isso, uma segunda recomendação é formar apenas uma pequena poupança em caderneta de poupança ou fundo de renda fixa pós-fixada a fim de assegurar uma reserva para imprevistos. Essa poupança deve ser acumulada até formar, pelo menos, o equivalente a seis meses de consumo da família do sócio da empresa.

Debate

Assim como apresentou, no capítulo 3 de *Investimentos inteligentes*, as escolhas erradas que um investidor pode fazer, Gustavo Cerbasi oferece, no capítulo 4, uma lista de atitudes que, somadas à preocupação constante com a informação, podem tornar uma pessoa mais apta a alcançar resultados extremamente favoráveis no mercado financeiro. É claro que a simples adoção dessas atitudes não garante o sucesso, mas não há dúvidas de que a lógica inversa se aplica: os investidores bem-sucedidos fazem questão de agir de acordo com essas premissas, pois reconhecem sua importância.

Da mesma maneira que você reuniu investidores conhecidos para discutir e avaliar os erros que cometem ou já cometeram, promova um novo encontro entre as mesmas pessoas. Dessa vez, porém, os participantes farão uma avaliação pessoal relacionada às atitudes que identificam um bom investidor, ou seja, as qualidades, entre as dez citadas pelo autor, com as quais você e os demais integrantes do grupo se identificam.

A recomendação aqui é um pouco diferente da do capítulo anterior: ninguém deve encarar esse debate como uma maneira de esbanjar superioridade intelectual ou de experiência sobre os demais (o que, em última análise, é uma grande bobagem), assim como não vale a pena usar de falsa modéstia. Sejam francos uns com os outros, admitindo suas virtudes e procurando, de alguma maneira, transmitir e assimilar as características que lhes proporcionaram o sucesso em um ou mais investimentos.

1. Perseverança.

2. Objetivos claramente definidos.

3. Planejamento de curto, médio e longo prazos.

4. Uso inteligente do tempo.

5. Organização e disciplina.

6. Seletividade com diversificação.

7. Rebalanceamento.

8. Plano B.

9. Inteligência tributária.

10. Seus parceiros.

Escolha

Quem vive ou viveu do campo — repito, *do* campo, e não simplesmente *no* campo — sabe exatamente o significado da palavra perseverança. Tipicamente sereno, o agricultor é aquele que acaricia a terra com a mesma ternura que dedica à sua amada, planta com zelo grãos aparentemente insignificantes e inertes, irriga sua lavra com a inspiração de quem educa um filho, e colhe com respeito e profundo agradecimento a Deus, como se a obra de seu suor fosse uma bênção divina. Por mais que esse processo demore meses, são meses de carinho pela sua riqueza.

Nem todos os que plantam conseguem tirar da terra o que esperam. Nem todos obtêm a mesma produtividade de grãos idênticos. Plantar, simplesmente, não assegura a colheita. Pragas podem atacar a terra, predadores podem devorar a safra, vândalos podem provocar incêndios e a providência divina pode trazer secas e temporais. O agricultor não é ingênuo; ele sabe que essas ameaças existem. Ele planta com risco, sabendo que risco não se evita, mas sim, se administra. E a sabedoria, provavelmente passada de geração em geração, o ajuda a administrar bem seu risco. Se perde a safra em razão de um desastre, reúne a família, expõe o momento de sacrifício, pede a proteção de Deus e começa a preparar a terra para o próximo plantio. Sua cartilha diz que, depois da tempestade, vem a bonança. É o plantar com perseverança que conduz a montanhas de sacas saudáveis na hora da colheita, mesmo que a colheita não seja tão frequente quanto em seus mais inspirados sonhos.

O investidor iniciante é como o jovem agricultor, sem ferramentas, sem conhecimento, diante de um enorme pasto fértil, mas sem saber por onde começar. Ao buscar orientação, especialistas propõem o uso de ferramentas, a consulta a instituições que parecem distantes e o cuidado com fatores externos. Mas o que não falta é má notícia sobre os tais fatores externos: em todos os cantos do país, alguém está sofrendo com o tempo turbulento. Mas quem, com todas as suas dúvidas e inspirações, parte para limpar sua roça, eliminar as ervas daninhas, começar a semear o que tem e com o que tem, tudo com muito carinho e foco no futuro, em pouco tempo estará dando um passo a mais.

Investir nada mais é do que plantar pés de dinheiro. Não espere ter uma fazenda, um trator potente e uma colheitadeira para começar a plantar. Dê aos poucos grãos que você tem em mãos a mesma importância que daria a sacas sendo despejadas de um caminhão. Se tem pouco para investir, comece com o que tem, mas plante com consistência. Imagine cada centavo investido hoje como se fosse uma semente de pé de dinheiro plantada. Mesmo que comece com pouco, cada centavo "plantado" irá se multiplicar por muitos anos. Quanto mais tempo tiver pela frente, mais seus pés de dinheiro se multiplicarão em tamanho, crescendo no ritmo dos rendimentos de seu investimento. Enquanto não colher os frutos de suas árvores de dinheiro (os rendimentos), sua plantação continuará autossemeando e dando origem a novos pés de dinheiro. Diferentemente dos frutos gerados por árvores comuns, aqueles gerados por árvores de dinheiro não apodrecem. Eles sempre são replantados para gerar mais frutos no futuro.

Mesmo que acidentes o impeçam de plantar durante alguma fase de sua vida, ou o obriguem a antecipar a colheita de parte de sua plantação, você estará feliz de ter de onde tirar, e os rendimentos dos pés plantados no passado se encarregarão de continuar plantando e multiplicando sua riqueza. Na pior das hipóteses, lhe será imposta a necessidade de plantar novamente, mas será uma plantação com mais conhecimento e maturidade do que a anterior. Um dia, chegará o momento em que você poderá passar a viver apenas dos frutos de seus pés de dinheiro, pois eles podem vir a ser suficientes para manter seu padrão de vida. Isso é a chamada independência financeira.

Investimentos inteligentes, páginas 86-87

Capítulo 5

A pergunta de um milhão de dólares

Assimilação

Na página 115 de *Investimentos inteligentes*, Gustavo Cerbasi oferece uma definição sobre o que seria "o melhor investimento": "É aquele que atende a suas necessidades, sua capacidade de investimento, sua tolerância ao risco, o prazo que você tem de investimento e, principalmente, seu nível de conhecimento sobre o produto." Você concorda com essa definição? Explique sua resposta.

"O Brasil é um lugar em que se ganha dinheiro facilmente." O que, em sua opinião, corrobora esse mito e o que o contradiz? Use suas palavras e, em seguida, compare a sua resposta com os comentários de Gustavo Cerbasi no capítulo 5 do livro *Investimentos inteligentes*.

"O Brasil é um lugar difícil para se ganhar dinheiro." Este é, segundo o autor, o comentário típico dos pessimistas. Eles não enxergam o potencial do país e as oportunidades latentes. Você já se deixou influenciar por essa linha de pensamento? Relate abaixo uma oportunidade em que isso aconteceu e qual foi a lição que aprendeu a partir desse episódio.

"Investimentos de risco são bons até que apareça uma crise." Assim como as crises pressupõem muita angústia e considerável perda (não seriam crises se não provocassem perdas), elas também são oportunidades formidáveis de descobrir novas e promissoras alternativas. Você se considera uma pessoa suficientemente forte para enfrentar os momentos difíceis e, ao mesmo tempo, sensível para discernir as oportunidades que se apresentam em tempos de crise? Explique sua resposta.

____

____

____

____

____

"Risco deve ser evitado ou minimizado." Analise o quadro a seguir, reproduzido do capítulo 5 do livro *Investimentos inteligentes*.

CURVA RISCO *VERSUS* RETORNO DE UM MERCADO

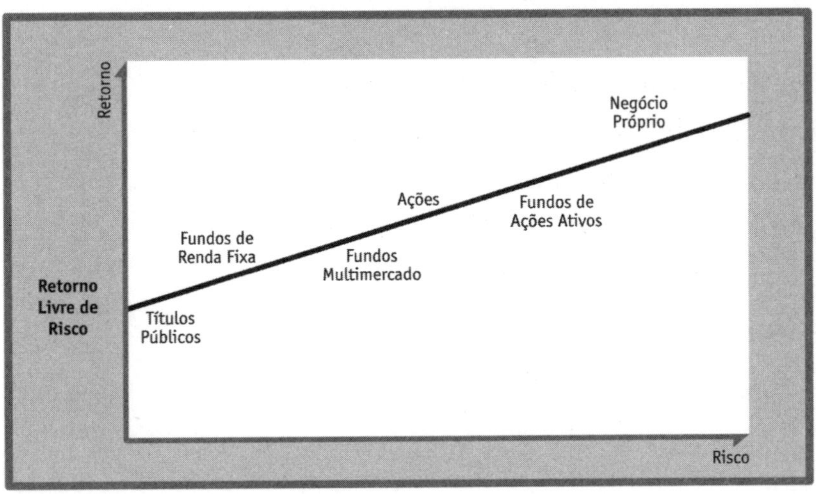

Considerando que, quanto maior o potencial de remuneração de um investimento, maior também é o risco implicado, como você definiria a sua carteira de investimentos atual?

Ainda levando em conta o quadro, você acredita que precisa fazer algum ajuste em seu perfil como investidor(a)? Que tipo de ajuste seria? Tornar-se mais conservador(a) ou arrojado(a)?

"Seu perfil não combina com certos investimentos." Você realmente acredita que as pessoas nascem com características predefinidas, no que diz respeito a investimentos, ou acha que esses "perfis" se formam a partir da obtenção de experiência e do acúmulo de informações? Justifique a sua resposta.

"É preciso ter *timing* para investir bem." De que maneira você avalia o seu *timing*? Você diria que é capaz, por exemplo, de operar *day-trades* sem maiores dificuldades ou prefere investimentos que não exijam um grau tão alto de agilidade? Qual seria a melhor maneira de definir o seu perfil?

"Sou um investidor bem-informado." Considerando seu histórico de investimentos — os bons e os maus — e o interesse que tem no assunto, como você se classificaria em termos de informação sobre o mercado financeiro? Justifique sua resposta.

Benefício

"Enquanto você tem patrimônio reduzido, muito tempo pela frente e flexibilidade em relação aos prazos para colocar seus sonhos em prática, você deve ser mais arrojado. Em outras palavras, quanto mais jovem você for, maior deve ser a participação de investimentos de risco em sua carteira, pois você terá mais tempo para absorver os altos e baixos do mercado e terá mais oportunidades para ver seu patrimônio deslanchar, se fizer boas escolhas.

À medida que for atingindo metas de formação de riqueza e priorizando datas para utilizar parte de sua fortuna, seus investimentos devem passar a ser mais conservadores."

Não importa qual seja a sua faixa de idade, esse trecho do capítulo 5 de *Investimentos inteligentes* serve para você. Ao mesmo tempo em que mostra por que não existe um investimento que possa ser considerado "certo" ou "errado", Gustavo Cerbasi explica como é importante para o investidor fazer escolhas coerentes com a sua situação.

Analise agora sua vida financeira: suas perspectivas de aumento ou diminuição de fontes de renda, seus investimentos, seu patrimônio, sua idade, seus compromissos e eventuais oportunidades que possam surgir. A partir desse conjunto de fatores, imagine em qual perfil de investidor você se encaixa melhor: há tempo, recursos e disposição para assumir riscos em modalidades arrojadas ou está na hora de pensar em investimentos mais conservadores para não submeter as riquezas conquistadas a um risco muito elevado?

Coloque tudo isso no papel e ajuste seu planejamento, se necessário.

Caso

H., 46 anos, é funcionário público e possui uma renda mensal de R$ 2,9 mil, com a qual sustenta a família. Ele sabe que pode contar com pequenos aumentos até sua aposentadoria, e que após se aposentar terá cerca de 65% de sua renda atual preservados. Sua esposa não trabalha. Eles não possuem nenhum tipo de reserva financeira, e gostariam de saber quais cuidados devem ser tomados em relação a seu futuro. Quais recomendações você faria?

____

____

____

____

____

Sugestões de Gustavo Cerbasi

A preocupação aqui é assegurar ao casal condições de perpetuar seu padrão de vida. Isso é possível com três cuidados básicos:

- poupar parte da renda da família, algo em torno de 5% dos ganhos, em um plano de previdência privada composto (com reduzida participação em renda variável), optando inicialmente pelo regime de tributação progressiva;
- fazer as contas para assegurar que a renda complementar obtida a partir dos rendimentos do plano de previdência seja suficiente para manter um padrão de vida maior do que o atual — afinal, o padrão de vida encarece na terceira idade;
- zelar para que a família mantenha, com certa margem de segurança, seus gastos dentro dos rendimentos mensais, evitando a possibilidade de recorrer a empréstimos não planejados e cheque especial e, principalmente, de utilizar a reserva financeira para garantir a renda complementar futura.

Debate

O capítulo 5 de *Investimentos inteligentes* é dedicado à análise dos sete mitos com os quais os investidores se deparam com maior frequência. Gustavo Cerbasi mostra como esses mitos podem influenciar o comportamento de um investidor e sua visão sobre o mercado financeiro. Acontece que esses mitos são mais comuns do que muitos imaginam, proliferando-se entre supostos *experts*.

Com base na leitura desse capítulo, reúna um grupo de investidores que você conheça (se houver consultores financeiros entre eles, melhor ainda) e discuta cada um desses mitos. Sem receio ou constrangimento, permita que todos digam abertamente se já se deixaram influenciar por algum deles em determinados momentos. A ideia não é expor ninguém, mas entender como esses mitos podem gerar conceitos e provocar reações dentro do mercado financeiro.

Mito 1: O Brasil é um lugar em que se ganha dinheiro facilmente.

Mito 2: O Brasil é um lugar difícil para se ganhar dinheiro.

Mito 3: Investimentos de risco são bons até que apareça uma crise.

Mito 4: Risco deve ser evitado ou minimizado.

Mito 5: Seu perfil não combina com certos investimentos.

Mito 6: É preciso ter *timing* para investir bem.

Mito 7: Sou um investidor bem-informado.

Escolha

Desprendimento é o termo que utilizo para identificar a condição ideal para investir em ativos de risco, aqueles que podem gerar resultados diferenciados após altos e baixos. Por exemplo, se você tem uma festa de formatura agendada para daqui a dez meses, a situação não é de desprendimento, mas sim de comprometimento. Porém, se seu objetivo é o de trocar de carro assim que acumular um saldo nos investimentos igual ou superior a R$ 100 mil, a situação é típica de desprendimento. Seu carro pode ser comprado antes ou depois do que seria com investimentos na renda fixa — se o vento soprar a favor, provavelmente você atingirá sua meta antes do prazo —, mas o tempo não será seu inimigo na perseguição desse sonho.

Independentemente de seu grau de aceitação ao risco, é recomendável ter ao menos uma pequena participação de seus investimentos em ações ou outros ativos de risco, pois o atual momento econômico é positivo para as empresas brasileiras. Com o passar do tempo, provavelmente seus projetos de vida irão se aproximar da concretização, o que lhe demandará mais previsibilidade e segurança nos investimentos. Da mesma forma que recomendo àqueles que me trazem fortunas para serem administradas, à medida que o tempo passa meus investimentos vão ficando mais conservadores, o que vai limitando o espaço para o erro. Espero, portanto, errar cada vez menos e comemorar cada vez mais.

Uma maneira simples de seguir essa recomendação é adotar regras simples vinculadas a nossa idade. Especialistas norte-americanos recomendam a regra dos 100 para compor sua carteira de investimentos. A ideia é simples: subtraia sua idade de 100, e esse deverá ser o percentual recomendável para investimentos em ações. Por exemplo, se você tem 40 anos, deveria investir 100 menos 40, ou seja, 60% de seu patrimônio em ações. Quanto mais velho, menor a participação de investimentos de risco em sua carteira.

No Brasil, especialistas recomendam ajustar essa fórmula para a regra dos 70 ou dos 80, devido ao maior risco dos investimentos no Brasil. Provavelmente, o motivo desse maior conservadorismo seja uma combinação de maior risco de nosso mercado de ações e de uma menor expectativa de vida. Se você não quer correr riscos excessivos, sugiro ajustar a formulação para a regra dos 80, um número razoável para a expectativa de vida da classe média brasileira. Segundo essa regra, uma pessoa de 20 anos deveria investir 60% de sua poupança em ações, e reduzir essa participação à medida que envelhece. Obviamente, essa regra supõe que o investidor será passivo em sua estratégia, e não se tornará um investidor ativo ou um profissional do mercado de investimentos.

A Regra dos 80

80 - sua idade

=

% de renda variável em sua carteira

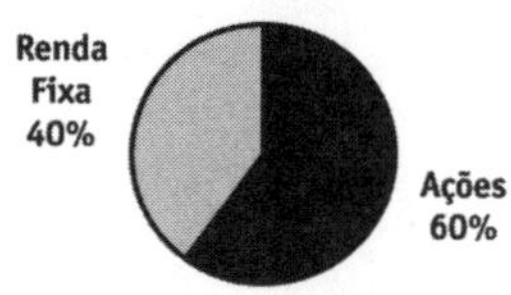

Investimentos inteligentes, páginas 125-126

PARTE II

NÃO LHE FALTAM ALTERNATIVAS

Capítulo 6

Estratégias inteligentes em renda fixa

Assimilação

Qual a sua postura em relação ao(s) banco(s) do(s) qual(is) é cliente? Depois de assinalar a resposta que mais se ajusta a seu perfil, justifique sua resposta:

( ) Só uso para receber meus salários/pagamentos e mantenho uma caderneta de poupança que controlo pela internet; não tenho praticamente contato algum com a gerência.

( ) Tenho alguns investimentos, mas deixo todas as decisões por conta de meu gerente; prefiro não interferir.

( ) Acompanho tudo o que o meu gerente faz com meu dinheiro e nem sempre faço o que ele indica.

Suponhamos que você esteja disposto a investir em fundos de renda fixa. Sabe dizer qual a diferença entre taxa pré-fixada e taxa pós-fixada?

Por que não é possível dizer que uma é melhor do que a outra?

Digamos que você tem uma caderneta de poupança com data de aniversário todo dia 22. Por conta da compra de um veículo à vista, você resolve sacar parte do saldo. Acontece que você toma essa decisão numa sexta-feira, dia 20, pois quer passar o fim de semana de carro novo. É bom negócio sacar o dinheiro antes do fim de semana? Por quê?

A seguir você encontra a lista dos títulos públicos federais e um espaço no qual deve escrever por que cada um deles é conveniente ou não a seu perfil de investidor(a). Se há algum deles que não compreende bem, volte à leitura de *Investimentos inteligentes* e depois complete.

Letra do Tesouro Nacional (LTN)

Letra Financeira do Tesouro (LFT)

Nota do Tesouro Nacional — Série B (NTN-B)

Nota do Tesouro Nacional — Série C (NTN-C)

Nota do Tesouro Nacional — Série B Principal (NTN-B Principal)

Nota do Tesouro Nacional — Série F (NTN-F)

Você procura barganhar a taxa de remuneração de CDBs em seu banco com o gerente? Se o faz, qual foi o máximo que já conseguiu? Se nunca o fez, o que o impede? Timidez?

O que são as "falsas cadernetas de poupança" às quais Gustavo Cerbasi se refere no capítulo 6 de *Investimentos inteligentes*?

Você já investiu em alguma delas? Quais? E qual foi o resultado?

Escreva, de maneira reduzida, o que você entende por debêntures. Em seguida, consulte o livro *Investimentos inteligentes* e confirme se a sua resposta condiz com a explicação do autor.

Seu perfil de investimentos comporta a negociação de LHs e LCIs? Se a resposta for positiva, explique por que você investe ou não nesse tipo de título.

Quando uma operação compromissada é vantajosa para o cliente?

Por que o ouro não é considerado um investimento em renda fixa?

Vale a pena aplicar dinheiro por poucos dias? Em que modalidade de investimento e por quê?

Benefício

Como Gustavo Cerbasi mostra no capítulo 6 de *Investimentos inteligentes*, são muitas as alternativas de investimento em renda fixa, e a diferença, em alguns casos, resume-se a detalhes. Mesmo assim, é importante saber o que cada uma delas significa e o que pode representar em termos de remuneração. Para ter a convicção de que você compreendeu o funcionamento de todas as modalidades de investimento em renda fixa, elabore um quadro comparativo a partir de um mesmo valor de investimento hipotético — digamos de R$ 100 mil. Esse exercício lhe dará uma ideia mais precisa do investimento em renda fixa mais vantajoso, considerando o seu perfil.

Caso

A., 50 anos, é taxista. Obtém R$ 2,5 mil mensais com seu trabalho, já descontando todos os custos e diárias pagas ao proprietário do veículo. A impossibilidade de pagar uma faculdade para o filho foi compensada pelo rapaz, que está seguindo os rastros do pai e também atua na praça como taxista. Sua segurança está no fato de a esposa poder substituí-lo no trabalho quando ele adoece, o que lhes garante certa estabilidade na renda. O casal teme, porém, a possibilidade de ambos envelhecerem e passarem a depender do filho para sustentá-los. Quais recomendações você faria?

Sugestões de Gustavo Cerbasi

Para preservar uma velhice digna, o casal deveria adotar o hábito de poupar com disciplina, investindo em algo que pudesse se transformar em fonte de renda futura: imóveis, títulos públicos, CDBs, planos de previdência e carteira de ações, entre outros. Porém, parte significativa da dificuldade em poupar vem do achatamento da renda, proveniente do elevado custo decorrente do pagamento de diárias ao proprietário do veículo. Se o casal se propuser a fazer um sacrifício concentrado em poucos anos, visando formar uma poupança suficiente para adquirir uma autonomia (licença para ser proprietário de táxi), poderá se livrar do pagamento das diárias e aumentar consideravelmente sua renda, o que permitirá conduzir uma vida com mais qualidade e viabilizar a formação de poupança.

Debate

Quando se trata de investimento, há pessoas que já passaram por um pouco de tudo. Isso significa que já acertaram e erraram várias vezes, por isso são bastante seletivos na hora de decidir onde aplicar seu dinheiro. E pode ser que os critérios que eles adotam sejam adequados a você também.

Reúna amigos ou parentes investidores e converse com eles a respeito disso. Peça a eles que falem sobre seus critérios de seleção de investimentos. Ao fim da conversa, você poderá compor uma lista de dicas importantes que o ajudarão muito a fazer as escolhas certas. Mantenha essa lista em um lugar visível (preferencialmente, em seu computador, no iPhone ou em qualquer outro aparelho que permita a consulta regular e fácil) e lembre-se de repassá-la a cada oportunidade que tiver para fazer um novo investimento.

Isso não quer dizer, porém, que você deva transformar essa lista em um oráculo. Afinal, assim como os investimentos são diferentes entre si, os investidores também são. Além disso, o mercado é dinâmico. As regras de hoje podem não ser as mesmas da semana que vem. Por isso, tome o cuidado de se atualizar o tempo todo e manter a sensibilidade aguçada. Com o tempo, você terá adquirido a experiência necessária para determinar critérios próprios que os novos investidores poderão usar como referência quando tiverem de fazer alguma aplicação.

Escolha

Ter uma instituição trabalhando para você não é uma simples metáfora ou força de expressão. Por mais que um banco seja um gigante do mundo corporativo, é a sua atitude em relação a ele que irá determinar se ele trabalhará para você ou se você é quem trabalhará para pagar as contas impostas por ele. Devemos ser menos clientes e mais patrões daqueles que cobram para trabalhar para nós. Não aceite qualquer resposta de seu banco quando pedir informações; exija respostas claras e que resolvam seu problema. Não aceite a primeira oferta de seu corretor de imóveis. Exija a que traz a melhor oportunidade. Se precisar, agrade de vez em quando, com presentes, o seu "funcionário". Mas não deixe de exigir um bom trabalho. Afinal, essa pessoa dedica a maior parte do tempo dela a cuidar de seu capital.

Se existe a percepção de que o serviço que nos prestam é ruim, essa percepção vem da massificação dos serviços, que impõem aos gerentes de conta, corretores e atendentes a adoção de argumentos e orientações adequadas para a maioria dos clientes. Se a maioria dos usuários dos serviços é formada por pessoas sem qualquer conhecimento no assunto e sem a menor tolerância ao risco, a orientação padrão será aquela que mais protege a instituição. Se a orientação por um investimento de risco assustar o cliente, será uma conta a menos na instituição. Por isso, o atendimento que você receberá será medíocre enquanto você demonstrar que tem conhecimentos medíocres. Para inverter essa regra, exija soluções diferenciadas, cobre mais de seu gerente ou corretor, questione informações pouco transparentes. Sempre há atendimento diferenciado para clientes diferenciados.

Não é exagero afirmar que, tão importante quanto a escolha do investimento, é a escolha de quem o ajudará a acessá-lo. A negligência nessa escolha pode levá-lo a pagar desnecessariamente mais tarifas e mais impostos, além de limitar seu acesso a alternativas realmente diferenciadas. Importante também é ter uma carteira adequada de prestadores de serviços à sua disposição, previamente pesquisada e selecionada, para não ter que recorrer a eles apenas no momento em que a oportunidade surgir.

A partir do momento em que você decidir dar um rumo inteligente a seu dinheiro (acredito que já tenha feito isso, antes de começar a leitura deste livro), recomendo que você procure ter, pelo menos: uma conta-corrente ou conta poupança aberta em um grande banco, objetivando a movimentação diária; uma segunda conta-corrente, objetivando manter nela seus investimentos e serviços que exijam bom relacionamento, como cartões de crédito; cadastro feito e documentado em pelo menos duas corretoras de valores, objetivando a compra de ações e de títulos públicos; contato com um corretor de seguros e previdência experiente e de confiança, ou bem recomendado.

Se você quiser contar com mais probabilidades de fazer bons negócios, seria prudente ter à mão os contatos previamente pesquisados e selecionados de uma boa administradora de consórcios, um bom advogado, um consultor financeiro e uma boa imobiliária ou corretor de imóveis independente. São serviços fartamente disponíveis e dos quais não é difícil obter indicações de conhecidos. O contato prévio com esses prestadores pode significar a certeza de um rápido atendimento quando a oportunidade de investimento surgir e não puder esperar.

Investimentos inteligentes, páginas 134-135

Capítulo 7

Estratégias inteligentes com ações

Assimilação

"A dinâmica de funcionamento do mercado acionário é bastante diferente da dos investimentos em renda fixa. Uma variação diária de, por exemplo, 1% no Índice da Bolsa de Valores de São Paulo, o Ibovespa, não significa que todos aqueles que investem em ações ganharam 1% no dia. O índice é composto por uma média ponderada das ações mais negociadas na Bovespa, e uma alta de 1% pode tanto conter grandes elevações quanto grandes quedas nos preços de diferentes papéis que compõem o índice. Todos os dias, algumas ações se valorizam, e outras perdem valor. Você ganha ou perde de acordo com as empresas que escolhe para ter como suas."

Você é um(a) investidor(a) regular do mercado acionário? Se a resposta for positiva, pode dizer que convive bem com os riscos que esse mercado implica? Fale um pouco sobre isso.

Qual a diferença entre ações preferenciais (PN) e ordinárias (ON)?

Explique, em suas palavras, a diferença entre um investidor e um *trader*. Em qual dos dois perfis você diria que se encaixa?

Qual a diferença entre comprar ações por intermédio da corretora de um banco e por meio de outras corretoras autorizadas?

Se você é um investidor iniciante nessa modalidade, por qual dos dois tipos de corretora prefere começar? Por quê?

Em que consiste o *after-market*? Que vantagem ele oferece para o investidor comum?

Em *Investimentos inteligentes*, Gustavo Cerbasi fala de algumas "verdades universais" que o investidor precisa ter em mente ao ingressar no mercado de renda variável. Veja a lista e, no espaço livre que segue cada uma, faça uma autoavaliação sobre até que ponto está aplicando cada uma dessas realidades na hora de investir o seu dinheiro em ações.

- No longo prazo, ações apresentarão rendimentos acima dos juros de mercado, porém, desde que você tenha feito boas escolhas na hora de investir nelas.

- Se você diversificar de maneira eficiente, no longo prazo dificilmente ganhará mais do que a média do mercado de ações (Índice Bovespa).

- Por serem administradas por seres humanos, todas as empresas são passíveis de quebrar.

- Após grandes altas no Ibovespa, sempre haverá uma queda, mesmo que seja uma simples realização de lucros.

- Após grandes quedas no Ibovespa, sempre haverá uma recuperação de preços; afinal, o mundo não para e as empresas sobrevivem (principalmente as boas empresas).

- Empresas saudáveis aumentam seu faturamento, em média, entre 15 e 20% ao ano. A contabilidade explica que o faturamento vem do aumento nos investimentos feitos na própria empresa. Isso significa que, no longo prazo, a tendência é que o crescimento da empresa seja acompanhado do crescimento na rentabilidade, em proporção igual ou maior que o aumento nas vendas. Ações de boas empresas rendem, portanto, entre 15 e 25% ao ano, em média.

- Para obter ganhos diferenciados, você precisa de informação. Com a informação em mãos, você precisa ser mais rápido do que o mercado. Quem você acha que será mais rápido: você, com a leitura do jornal diário pela manhã, ou o investidor profissional de grande porte, com anos de estudo e experiência e seis telas de computador acompanhando mercados e agências de notícia? Não acredite, portanto, que você será capaz de bater o mercado. Satisfaça-se com a média.

Por que a diversificação é tão importante?

Por que as *blue chips* são consideradas a categoria mais segura em termos de investimento no mercado acionário?

Você considera a estratégia de preço médio adequada a seu perfil como investidor? Explique a sua resposta.

Como saber se uma empresa é boa remuneradora, em termos de dividendos?

O que você entende por "técnica de andar na contramão", como Gustavo Cerbasi explica no capítulo 7 de *Investimentos inteligentes*? Qual a sua opinião sobre essa estratégia de investimentos no mercado de ações?

Em que consiste a estratégia *buy-to-hold*? Ela serve para você? Justifique a sua resposta.

Quais os principais riscos que operações do tipo *day-trade* oferecem?

"Se você quer investir em ações, é preciso ter algum apetite por notícias econômicas e empresariais. É importante conhecer as empresas em que você investe, saber onde encontrar informações detalhadas sobre elas, ter orgulho de ser dono de um grande negócio. Se você é dono de uma parte do capital de uma empresa, deveria ao menos ler o relatório anual da administração dela, para conhecer em detalhes o que ela faz, os planos dos gestores para o futuro e a situação da empresa no mercado em que ela atua."

Como investidor, você está acostumado com esses procedimentos? Eles já se tornaram um hábito? Justifique sua resposta.

Explique, em suas palavras e de maneira resumida, o que entende pelos termos abaixo. Em seguida, compare suas respostas com o texto do capítulo 7 de *Investimentos inteligentes*.

Análise fundamentalista

Análise técnica ou grafista

Na hora de escolher entre esses dois tipos de análise, o que Gustavo Cerbasi aconselha?

Você já ofereceu ações para aluguel? Se o fez, qual a sua opinião sobre essa estratégia? Se não, qual o motivo de ainda não ter experimentado essa modalidade?

Você já participou de alguma Oferta Pública Inicial de Ações? Se a resposta for positiva, descreva sua experiência. Caso contrário, explique por que ainda não o fez.

No fim do capítulo 7 de *Investimentos inteligentes*, Gustavo Cerbasi oferece doze orientações importantes sobre como proceder para montar uma boa carteira no mercado de ações. Veja a lista a seguir e assinale a alternativa que mais se ajusta ao seu perfil. Assim, terá uma ideia muito clara de seu comportamento em relação a essa modalidade de investimento e em que aspectos pode e deve mudar.

- Prefira investir devagar e sempre, em vez de fazer grandes movimentações de dinheiro entre suas ações. Grandes compras são bom negócio somente quando há certeza de que os papéis estão baratos, com baixo índice P/L.
  ( ) Faço isso sempre.
  ( ) Nem sempre faço isso.
  ( ) Nunca faço isso.
- Mantenha-se antenado com os relatórios de análise fundamentalista. Procure receber regularmente relatórios de pelo menos duas ou três fontes diferentes.
  ( ) Faço isso sempre.
  ( ) Nem sempre faço isso.
  ( ) Nunca faço isso.
- No dia em que decidir investir, tenha a curiosidade de consultar alguns fóruns de debates grafistas.
  ( ) Faço isso sempre.
  ( ) Nem sempre faço isso.
  ( ) Nunca faço isso.
- Tenha, no mínimo, cinco empresas na carteira. Preferencialmente, de cinco setores diferentes de negócios.

( ) Faço isso sempre.
( ) Nem sempre faço isso.
( ) Nunca faço isso.

- Lembre-se de que nem sempre os preços das ações refletem o real valor de uma empresa — afinal, movimentos especulativos podem causar fortes e irreais elevações e quedas nos preços. Atente para os preços projetados em mais de um relatório de análise.

( ) Faço isso sempre.
( ) Nem sempre faço isso.
( ) Nunca faço isso.

- Compre empresas das quais você tenha orgulho de ser dono, e evite papéis que você desconhece.

( ) Faço isso sempre.
( ) Nem sempre faço isso.
( ) Nunca faço isso.

- Liquidez é fundamental. Se, logo após comprar um papel, você perceber que não fez um bom negócio, venda o quanto antes, mesmo que apurando pequenas perdas.

( ) Faço isso sempre.
( ) Nem sempre faço isso.
( ) Nunca faço isso.

- Estabeleça regras antes de investir, preferencialmente por escrito, e seja fiel a elas. Não deixe suas decisões mudarem com o humor do mercado.

( ) Faço isso sempre.
( ) Nem sempre faço isso.
( ) Nunca faço isso.

- Rebalanceie sua carteira ao menos uma vez por ano. Que tal na época de seu aniversário, para não coincidir com a data em que muitos fazem isso, como na semana antes do Natal?
  ( ) Faço isso sempre.
  ( ) Nem sempre faço isso.
  ( ) Nunca faço isso.
- Acompanhe as carteiras de grandes fundos, consultando os prospectos das instituições que os vendem. Os fundos mais procurados costumam ter as estratégias mais convincentes. Você encontra a lista dos fundos e do tamanho de seus patrimônios nos principais jornais de economia.
  ( ) Faço isso sempre.
  ( ) Nem sempre faço isso.
  ( ) Nunca faço isso.
- Explore ao máximo sua corretora de valores. Poucos serviços têm uma relação custo-benefício tão interessante, com uma infinidade de orientações, cartilhas e dados oferecidos em troca de um custo de custódia simbólico ou até nulo.
  ( ) Faço isso sempre.
  ( ) Nem sempre faço isso.
  ( ) Nunca faço isso.
- Dê mais atenção a sua vida pessoal do que a seus investimentos. Se o contrário estiver acontecendo, é claro o sinal de que você precisa retomar o equilíbrio, pois não está investindo de maneira eficiente.

( ) Faço isso sempre.
( ) Nem sempre faço isso.
( ) Nunca faço isso.

Benefício

Muitas pessoas que dispõem de recursos consideráveis para serem aplicados têm grande receio em investir no mercado de ações pelo completo desconhecimento de seus mecanismos. Para ajudar os leitores de *Investimentos inteligentes* que possuem esse perfil a dar os primeiros passos, Gustavo Cerbasi oferece cinco recomendações importantes, reproduzidas a seguir.

Logo depois de cada uma, você vai encontrar um espaço livre onde poderá fazer anotações e traçar planos em relação a essas cinco orientações. Aproveite-o para anotar porcentuais, telefones de corretoras, sites importantes (como o da Bolsa de Valores do Estado de São Paulo: *www.bovespa.com.br*), dados sobre as estratégias a serem adotadas e as fontes que consultará para acompanhar o movimento do mercado. Essas anotações serão extremamente valiosas à medida que você descobre gradativamente esse novo universo que, se bem explorado, pode potencializar seus investimentos.

1. Definir quanto de sua carteira total de investimentos estará alocada em ações. Você pode fazer isso com base nas orientações sobre risco abordadas no capítulo 5.

____

____

____

2. Definir se investirá comprando ações via uma corretora de valores, ou se contará com os serviços de um fundo ou de um Plano de Previdência Privada.

3. Escolher uma corretora de valores, caso sua escolha seja por comprar papéis.

4. Traçar uma estratégia de investimentos, como as que Cerbasi apresenta no capítulo 7.

5. Selecionar duas ou três fontes de informação para consulta periódica para manter-se atualizado e rever a estratégia. Os boletins eletrônicos de corretoras de valores e de agências de notícias econômicas são suficientes. Jornais especializados, como Valor Econômico e Gazeta Mercantil, são mais do que suficientes.

Caso

P., 40 anos, perdeu o emprego e não consegue se recolocar há seis meses. Seu seguro-desemprego acaba de se esgotar e tudo o que ele tem é o imóvel em que a família vive e um valor remanescente do FGTS e da verba rescisória, que pode manter a família por mais um semestre. Temendo não ter sucesso na busca de emprego nos próximos meses, ele já pensa em mudar de atividade ou montar um pequeno negócio próprio. Quais recomendações você faria?

Sugestões de Gustavo Cerbasi

Quem inicia uma nova atividade profissional precisa contar com gordas reservas financeiras a fim de permitir que seu negócio cresça sem a interferência da necessidade de retiradas. Todo o dinheiro à disposição do empreendedor deve estar investido com extrema segurança, para que ele mantenha sua liquidez e não desvie seu foco para administrar outros riscos que não sejam os típicos de sua nova atividade. Uma atitude prudente será vender a moradia da família e comprar outra de valor consideravelmente menor a fim de aumentar o fôlego financeiro para os primeiros passos da nova etapa de vida.

Debate

No capítulo 7 de *Investimentos inteligentes*, Gustavo Cerbasi discorre a respeito da diferença de atitudes entre os investidores e os *traders*. Ainda que o conhecimento sobre o mercado de ações seja importante para ambos, cada um tem uma postura diferente em relação aos negócios que realiza. E como o trabalho dos *traders* é geralmente considerado mais "agressivo", é natural supor que possuam uma visão toda peculiar da questão do risco.

Mesmo que você seja um(a) investidor(a) conservador(a), há várias lições que pode aprender com esses *players* arrojados do mercado financeiro. Muitos deles testemunharam o comportamento da maioria das empresas com ações na Bolsa de Valores e ganharam ou perderam o suficiente para entender melhor determinados movimentos e certas tendências. Conversar com eles é, sem dúvida, uma oportunidade enriquecedora. Geralmente, em ambos os sentidos.

Com a colaboração de amigos investidores, promova uma série de encontros com alguns *traders* com o objetivo de conhecer melhor o trabalho que eles realizam. Não é necessário fazer uma sabatina ou um debate formal; basta elaborar antecipadamente uma lista de assuntos e dúvidas comuns aos investidores e pautar esse encontro como uma espécie de bate-papo. Você verá que, em duas ou três reuniões, sua visão sobre o mercado de ações será ampliada. Mesmo que você nunca se torne um desses *traders*, certamente tirará muito proveito do *know-how* que eles possuem.

Escolha

O custo de operação, que tem impacto direto em sua rentabilidade, não é o único aspecto a ser analisado ao escolher uma corretora. Os seguintes aspectos devem ser levados em consideração na sua escolha (a ordem não reflete nenhum critério de relevância):

1. Como é cobrada a corretagem de cada operação? É fixa ou segue a tabela da Bovespa? A corretora oferece descontos para operadores frequentes?
2. A corretora absorve a taxa de custódia? Qual o critério para isso?
3. A corretora oferece diferenciação de custo de corretagem para operar no mercado fracionário. Como as operações no fracionário envolvem pouco dinheiro, é interessante contar com descontos para reduzir o impacto em sua rentabilidade.
4. A corretora conta com o serviço de *homebroker*, para você operar direto de casa, pela internet, sem a interveniência direta do corretor? Ou ela efetua negociações apenas em contato direto com o cliente, por telefone? A primeira opção é mais interessante, pois você "dirige" seus investimentos, mas a segunda normalmente costuma incluir a recomendação do corretor e deixa os iniciantes ou menos experientes mais seguros.
5. Quais as ferramentas do *homebroker*? É possível fazer algum tipo de análise gráfica instantânea por meio dele? É possível agendar *stops* dinâmicos? É possível visualizar o desempenho de minha carteira total no sistema?
6. Quem faz a análise dos investimentos? Grandes corretoras fazem suas próprias análises, por isso cobram mais

por seus serviços. As pequenas corretoras costumam comprar relatórios de outras corretoras ou de escritórios independentes. Vantagem das grandes, que pode antecipar boas dicas a seus clientes antes de divulgar em seus relatórios.

7. Quais são os canais de dúvidas existentes (chat, telefone, visita pessoal, fórum, e-mail)? Qual a agilidade do canal? Dúvidas complexas são esclarecidas de maneira didática e completa? Por exemplo, uma dúvida sobre aluguel de ações é respondida a ponto de me motivar a adotar a estratégia? Uma boa maneira de escolher sua corretora é sentindo-se confortável com o canal de esclarecimentos.
8. A corretora divulga regularmente sua carteira de papéis recomendados? Divulga sua opinião (comprar/vender/manter) para os papéis mais negociados do mercado?
9. São fornecidas orientações estratégicas específicas para clientes que investem com regularidade, visando ao longo prazo? E para clientes conservadores? E para *day-traders*? E para operadores de opções?
10. É possível operar *commodities* na BM&F por intermédio da corretora?
11. A corretora oferece a conveniência de acessar fundos? As taxas e/ou o desempenho dos fundos oferecidos são competitivos?
12. A corretora atua em diferentes mercados, como ações, opções, *commodities*, mercado de balcão, fundos imobiliários, Tesouro Direto?

13. A corretora fomenta a criação de Clubes de Investimento?
14. A corretora me auxilia no cálculo de impostos a pagar? E no preenchimento do DARF?
15. Existem mecanismos proativos, para que eu seja informado imediatamente de notícias relevantes sobre meus papéis de interesse (telemensagem, e-mail, contato telefônico)?
16. São oferecidos cursos, presenciais ou *online*, para o autodesenvolvimento dos clientes? Os clientes possuem condições diferenciadas (descontos, isenção, brindes) para assistir aos cursos oferecidos e/ou patrocinados pela corretora?

Investimentos inteligentes, páginas 172-174

Capítulo 8

Estratégias inteligentes com fundos

Assimilação

Quais são as principais vantagens de se investir em fundos?

Você acredita que essas vantagens se ajustam a seu perfil como investidor(a)? Justifique a sua resposta.

Que tipos de risco os fundos pressupõem?

O que são os fundos de fundos?

Se você investe em fundos, defina a seguir, de maneira resumida, sua estratégia. Se ainda não faz esse tipo de aplicação de seu dinheiro, mas a ideia agrada você, elabore agora mesmo uma estratégia de investimento em fundos e, em seguida, analise-a à luz do que Gustavo Cerbasi escreve no capítulo 8 de *Investimentos inteligentes*.

Uma das opções para quem ainda está começando a investir em fundos e ainda não possui experiência é a aplicação em fundos multimercados. Quais as vantagens e as desvantagens desse tipo de fundo?

Você se considera uma pessoa com experiência suficiente para gerir os recursos de um clube de investimentos? Por quê?

Benefício

Logo no início do capítulo 8 de *Investimentos inteligentes*, Gustavo Cerbasi apresenta uma lista com os principais fundos de investimento oferecidos pelas instituições gestoras. Cada um possui características específicas, e o autor tem o cuidado especial de colocá-los na ordem do mais conservador ao mais arrojado, oferecendo um painel interessante e esclarecedor ao leitor.

A seguir você encontra a reprodução dessa lista. Logo depois de cada tópico você encontra um espaço no qual deve indicar se aquele tipo de fundo, em sua opinião, é adequado a seu perfil como investidor(a) e o motivo. Depois disso, submeta essas respostas a um especialista em investimentos de sua confiança e peça a ele que as analise, identificando possíveis contradições e oferecendo, se for o caso, sugestões de mudanças de comportamento. É possível que, ao fim dessa conversa, você chegue à conclusão de que pode ou deve mudar seu perfil em termos de investimento.

Fundos DI Curto Prazo

Investem seu patrimônio exclusivamente em títulos públicos pós-fixados com vencimento não superior a 375 dias e prazo médio da carteira de, no máximo, 60 dias.

Fundos de Renda Fixa Pós-Fixada (Fundos DI)

Investem pelo menos 95% do valor de sua carteira exclusivamente em títulos públicos e operações pós-fixadas com rendimento atrelado à variação do CDI/Selic.

Fundos de Renda Fixa Pré-Fixada (Fundos RF)
Investem exclusivamente em ativos de renda fixa pré-fixada, devendo ter pelo menos 80% do valor de sua carteira investidos em títulos públicos federais ou ativos com baixo risco de crédito.

Fundos de Capital Garantido
Tipo de fundo que garante ao investidor o capital investido ou, em alguns casos, o capital investido acrescido de algum rendimento. Isso é feito por meio de operações de risco travado envolvendo opções de compra e de venda, com prazos de vencimento longos, exigindo que o investidor mantenha seu investimento por período determinado para ter direito à garantia do valor investido.

Fundos de Índice de Inflação
Investem pelo menos 95% do valor de sua carteira exclusivamente em títulos públicos e operações pós-fixadas com rendimento atrelado à variação da inflação — geralmente, referenciados ao IGP-M ou IPC-A.

Fundos Multimercados

Investem seus recursos em diversos tipos de ativos, montando uma carteira de composição equilibrada que visa a uma melhor proteção contra variações negativas de determinado mercado. Os gestores dos fundos multimercados têm mais liberdade para agradar aos investidores, com aplicações para todos os níveis de tolerância ao risco, seja em ações, renda fixa, derivativos e *hedge* em moedas. Sua rentabilidade costuma ser mais instável, pois os gestores alocam a carteira de acordo com as tendências de mercado — se a bolsa cai, concentram-se em renda fixa; se sobe, direcionam-se para as ações. Essa atividade implica maior custo de gestão, que se reflete em taxas de administração mais elevadas. São boa escolha para momentos de incertezas, pois sua carteira equilibrada pode ajudar a evitar grandes perdas em caso de crise em algum mercado. São também alternativa para quem quer diversificar, mas não se sente em condições de fazê-lo pessoalmente.

Fundos Balanceados

Similares aos fundos multimercados, porém com a exigência de explicitar em seu regulamento a composição de cada ativo na carteira — por exemplo, 45% em ações, 50% em renda fixa e 5% em alavancagem. Esse detalhe cria uma eficiência interessante: o rebalanceamento automático. Se as ações caem, a carteira sai da meta proposta e o gestor é obrigado a comprar mais ações; se sobem, ele é obrigado a vender. Na prática, fundos balanceados são fundos que compram na baixa e vendem na alta.

Fundos de Índice de Ações

Montam sua carteira de forma a espelhar a composição de um índice, como o Ibovespa ou o IBrX50. Sua estratégia passiva oculta a interessante vantagem de defender-se de papéis de altíssimo risco no longo prazo, pois papéis pouco desejados pelos investidores automaticamente deixam de fazer parte dos índices e, consequentemente, deste tipo de fundo. Dos fundos de ações, é considerado o mais conservador e um dos mais defensivos no longo prazo.

Fundos de Ações Ativos

Com diferentes estratégias para cada fundo (dividendos, *small caps*, sustentabilidade etc.), esta modalidade obrigatoriamente investe ao menos 67% de seu patrimônio em ações.

Fundos Setoriais

Investem exclusivamente em empresas de um setor da economia definido em sua política de investimento. É considerada uma alternativa arrojada, por seu caráter especulativo que limita o poder de decisão do gestor. Adequados para carteiras de médio prazo.

Fundos Long/Short

Sua estratégia é comprar determinada ação, com tendência de alta, e assumir o compromisso de vender outra, com tendência de queda, para obter ganho com a diferença entre essas operações, em um movimento chamado de arbitragem. Apesar de operarem com ações, sua rentabilidade e volatilidade são mais baixas do que no mercado de ações, o que os leva a serem classificados como fundos multimercado, com tributação seguindo a mesma regra da renda fixa.

Fundos Cambiais

Investem pelo menos 80% de seu patrimônio em ativos relacionados diretamente à variação do euro ou do dólar, visando acompanhar a cotação da moeda estrangeira com alguma margem de lucro — em geral, a maior parte dessa margem é consumida pela taxa de administração.

Fundos Alavancados

Este nome costuma acompanhar fundos de diversas categorias (renda fixa, ações, multimercados). Fundos alavancados são os que utilizam mais dinheiro do que têm em seu patrimônio para realizar uma operação — como o aluguel de ações —, visando maior possibilidade de retorno sob maior risco.

Caso

J. e V., 34 e 35 anos, são casados há dois anos, têm um filho de seis meses, nenhuma poupança e uma pesada dívida do apartamento que compraram ao casar, cujas prestações consomem 40% da renda somada de ambos. Eles contam com salários praticamente equivalentes. Até então, pagaram trinta prestações e têm ainda 210 parcelas pela frente, cujos valores são decrescentes (tabela SAC). Recorrem com frequência ao limite do cheque especial, mas conseguem corrigir o rumo em poucos meses e nunca perderam o controle. Acabam de receber um bônus equivalente a duas vezes a renda mensal do casal e estão em dúvida sobre o que fazer: começar a formar um plano de previdência privada para garantir a faculdade do filho ou amortizar a dívida do apartamento a fim de diminuir o valor mensal das prestações. Quais recomendações você faria?

Sugestões de Gustavo Cerbasi

Antecipar o pagamento de prestações ou do saldo principal de financiamentos longos é pouco vantajoso, pois a maior parte dos valores a pagar refere-se a juros. Normalmente se antecipa o pagamento das últimas prestações, que embutem pequena parcela de juros. Com o bônus, é melhor negócio fazer um aporte que assegure ao menos parte do valor necessário à faculdade do filho, aplicado em um VGBL em nome dele, regime de tributação progressiva. Essa escolha permite evitar a quase totalidade de imposto sobre os rendimentos e normalmente embute um seguro que garante o estudo do filho em caso de morte dos pais.

Debate

Para ter mais certeza sobre os resultados de cada fundo, Cerbasi orienta o leitor de *Investimentos inteligentes* a analisar a rentabilidade desses fundos nos últimos 24 ou 36 meses. No entanto, mesmo dispondo de todas essas informações, é possível que a leitura de um investidor seja diferente da leitura de outra pessoa. Além disso, quem tem mais experiência no mercado pode ajudar a dirimir dúvidas e apresentar cenários futuros que o investidor iniciante ou menos engajado não consegue ver.

Se você tem interesse em investir em fundos ou ampliar o dinheiro que já tem aplicado nessa modalidade de investimento, reúna pessoas conhecidas (amigos, parentes, colegas de trabalho etc.) que conheçam bem o mercado e já tenham estratégias bem definidas. Peça a elas que expliquem, mesmo que de uma maneira sucinta, como fazem na hora de analisar os rendimentos de um fundo a partir do histórico dos resultados. Você perceberá que essas pessoas concordarão em quase tudo, mas terão opiniões um pouco diferentes em relação a detalhes — por exemplo, ao apontar investimentos com bom potencial para o futuro. Entre tantas alternativas, ficará mais fácil definir uma estratégia própria.

Escolha

Qual a composição de carteira adequada para seus objetivos? Ou para seu momento de vida? Lembre-se: investimentos para objetivos com data conhecida ou com prazo inferior a dois anos devem ser alocados de maneira conservadora — na renda fixa pós-fixada — ou defensiva — indexados à inflação. Objetivos de longo prazo podem ser mais arrojados, se você tolerar o risco. Mesmo assim, a composição de sua carteira não deveria se afastar muito da composição sugerida pela Regra dos 80.

Definida a composição, é hora de identificar as características que o satisfazem em termos de renda variável. Você prefere uma carteira mais defensiva, com empresas pagadoras de dividendos, ou visando ao maior crescimento, com *small caps*? Ou prefere a previsibilidade das *blue chips*? Essa escolha é importante para definir os melhores fundos para você.

Outra escolha importante é quanto à distribuição de seus recursos. Se você se sente bem analisando e selecionando fundos e eventualmente mudando suas escolhas, a estratégia adequada para você é dividir seus recursos entre dois ou três fundos que atendam a sua composição ideal de carteira. Quem se sente um peixe fora d'água diante de um prospecto de alternativas de fundos deveria partir para a solução multifuncional dos fundos multimercado ou balanceados, que se encarregam de administrar, selecionar, diversificar e rebalancear seus investimentos ao longo do tempo. A opção pelos fundos compostos tende a lhe custar mais em taxas de administração (que são maiores em fundos multimercado do que em fundos de renda fixa, por exemplo), mas é o preço a pagar pela conveniência.

Evite dispersar recursos entre muitos fundos, pois, quanto menos dinheiro você concentra em uma modalidade de fundo, menor é a condição de acessar produtos com taxas mais baratas. Três ou, no máximo, quatro fundos já são diversificação suficiente, mesmo porque cada fundo já contém sua própria diversificação de risco.

Investimentos inteligentes, páginas 212-213

Capítulo 9

Estratégias inteligentes com planos de previdência privada

Assimilação

"Não resta dúvida de que planos de Previdência Privada são a maneira mais simples e segura de enriquecer. Provavelmente, não é a maneira mais rápida, mas a segurança é inquestionável."

No início do capítulo 9 de *Investimentos inteligentes*, ao falar a respeito das vantagens oferecidas pelos planos de previdência, Gustavo Cerbasi dá uma ênfase especial à questão da segurança. Por que essa estratégia de investimento possui essa característica?

____

____

Quais as escolhas que o investidor tem de fazer ao contratar um plano de previdência privada?

Em termos de Imposto de Renda, qual a vantagem que o Plano Gerador de Benefícios Livres (PGBL) oferece?

Para quais tipos de profissionais o Vida Gerador de Benefícios Livres (VGBL) é mais adequado? Explique sua resposta.

Na hora de optar pela tributação progressiva ou regressiva, que fatores o investidor precisa levar em conta?

Você tem um plano de previdência? Seja qual for a sua resposta, utilize o espaço a seguir para justificar o motivo.

Quais as vantagens dos planos fechados sobre os convencionais?

Benefício

Um investimento, por definição, é uma iniciativa que se toma quando a pessoa está pensando no futuro. A questão é saber o prazo que ela está disposta a esperar para colher os frutos, isto é, resgatar seu dinheiro com os devidos rendimentos. Mesmo os mais arrojados investidores sabem da importância da aplicação em um fundo de previdência como forma de assegurar uma aposentadoria mais tranquila.

Se você já contratou um PGBL ou um VGBL, ótimo. Suas preocupações devem ser apenas a de ter escolhido a modalidade mais apropriada e a de procurar tirar o melhor proveito dessa modalidade de investimento, resgatando no tempo certo. Se ainda não o fez, então aproveite os esclarecimentos e as orientações que Gustavo Cerbasi oferece no capítulo 9 de *Investimentos inteligentes* e procure o plano que mais se ajusta ao seu perfil.

Caso

T., 29 anos, começou a trabalhar no exterior recentemente e envia à família, no Brasil, cerca de R$ 3 mil por mês. Está com cerca de R$ 9 mil parados na conta, sem saber onde investir, e espera continuar nesse ritmo de trabalho intenso e poupança por mais cinco anos, o que permitiria a ele economizar cerca de R$ 90 mil. Seu objetivo, após esse prazo, é voltar ao Brasil e viver dos rendimentos da poupança formada. Quais recomendações você faria?

Sugestões de Gustavo Cerbasi

Por ser essa a única reserva financeira para garantir a continuidade da vida do investidor daqui a cinco anos, e levando em consideração o fato de que, ao fim do projeto, a poupança formada não será nenhuma fortuna para iniciar um negócio, os recursos devem ser poupados com segurança, sem especulações. Duas boas alternativas são títulos públicos com prazo de vencimento próximo ao fim do plano (permitindo pagar Imposto de Renda somente no resgate) e CDBs com prazo de vencimento de dois anos ou mais. Planos de previdência não são recomendados, pois o prazo de cinco anos e a pretensão de usar as reservas em cinco anos criam condições tributárias desvantajosas. Havendo alguém com bons conhecimentos sobre investimentos responsável por administrar essa carteira, também é razoável utilizar esse patrimônio para operações com elevado potencial de ganho, como construção de imóveis para revenda e negociação de bens em leilões.

Debate

No universo de investidores é possível encontrar muitas opiniões distintas sobre a melhor maneira de contratar um plano de previdência. Há quem assegure que a melhor opção é aplicar em um PGBL com tributação progressiva, enquanto outros sugerirão um VGBL com sistema de tributação regressiva. E assim por diante.

Além das orientações que Gustavo Cerbasi oferece no capítulo 9 de *Investimentos inteligentes*, você também deve buscar conselhos de pessoas que possuem um perfil equivalente ao seu neste momento, assim como vale a pena conversar com outras que vivem hoje em uma situação que você espera viver dentro de mais alguns anos. Se for possível, convide-as para um encontro informal em sua casa ou no salão de seu condomínio, mas com um objetivo definido e claro. Nessa reunião, a ideia será debater as vantagens e desvantagens de cada plano de previdência e regime de tributação.

Procure estimular os participantes a falar de suas experiências e dos resultados das opções que fizeram. Depois de explorar bem esse aspecto do debate, oriente-os no sentido de falar a respeito do futuro, particularmente das expectativas que cultivam em relação a seus investimentos. Será saudável se eles se dispuserem a contrapor suas opiniões sem constrangimento.

Escolha

O sucesso de um plano de previdência depende essencialmente da negociação feita no momento da contratação. Por isso, alguns pequenos cuidados podem fazer a maior diferença na hora de colher os frutos.

Não escolha seu produto sozinho. Conte sempre com um corretor de seguros e previdência. Por mais que ele seja um vendedor, é ele quem conhece detalhadamente as oportunidades que os planos podem oferecer, principalmente quanto a vantagens tributárias e em caso de inventário e herança.

Analise cuidadosamente o contrato do plano antes de assinar a contratação. Verifique se há penalidades para resgates antes da data prevista, restrições à mudança de plano no meio do caminho e condições impostas para que você obtenha taxas melhores.

Taxas de administração aceitáveis para planos de renda fixa costumam estar entre 1 e 2% ao ano. Para planos compostos, entre 2 e 3%. Quanto mais dinheiro você planejar aportar, menos deve pagar em taxas.

É na taxa de carregamento que está a brecha para negociações, pois é dela que sai a comissão do corretor. Se pesquisar diversos produtos, você encontrará desde taxas que começam elevadíssimas, mas que decaem com o tempo, até planos que isentam de taxas, mas que cobram uma multa elevada em caso de saída precoce. Pesquise e não aceite pagar muito, barganhe no carregamento. Se pagar caro, que seja por um planejamento impecável montado pelo seu corretor.

Considere também a possibilidade de fazer planos em nome dos filhos, para obter com grande dose de certeza a isenção tributária no momento da faculdade. Se você já tem filhos, mas ainda não tem uma reserva financeira de pelo menos vinte vezes os gastos mensais da família, não descarte a ideia de contratar um VGBL somado a um seguro, para garantir que a faculdade dos filhos esteja assegurada mesmo em caso de sua falta.

Investimentos inteligentes, página 235

Capítulo 10

Estratégias inteligentes com imóveis

Assimilação

No capítulo 10 de *Investimentos inteligentes*, Gustavo Cerbasi cita três motivos pelos quais o investimento em imóveis era, até relativamente pouco tempo, uma alternativa bastante interessante. Quais as circunstâncias que faziam dessa modalidade uma das melhores há algumas décadas?

Por que compra e venda de imóveis não é necessariamente um investimento tão lucrativo quanto muitas pessoas pensam — pelo contrário, pode até gerar prejuízo?

“Ao investir em imóveis você também deve levar em conta a sua baixa liquidez: se precisar vendê-los com urgência, poderá encontrar dificuldades”, afirma Gustavo Cerbasi em *Investimentos inteligentes*. Você já passou por essa experiência, seja como comprador ou como vendedor? Ou, pelo menos, conhece alguém que tenha passado? Descreva esse episódio e o eventual prejuízo (de tempo ou financeiro) que acarretou.

Quais fatores devem ser levados em consideração na hora de comprar um imóvel com vistas à sua valorização no futuro?

Pense em dois casos de pessoas que você conheça (amigos, parentes ou você mesmo) que compraram imóveis com o objetivo de alugá-los e fazer disso uma fonte de renda. O primeiro caso deve ser positivo, ou seja, o investimento valeu a pena. O segundo caso, por sua vez, deve ser um exemplo de mau negócio. Tendo esses dois casos em mente, escreva a seguir quais foram as circunstâncias que levaram o primeiro negócio a se tornar vantajoso e lucrativo e que motivos podem ser enumerados para explicar o fracasso no segundo caso.

Caso positivo (a compra do imóvel para aluguel foi vantajosa)

Caso negativo (a compra do imóvel para aluguel não foi vantajosa)

Cite alguns riscos envolvidos na compra de imóveis na planta. Compare sua resposta com o que Gustavo Cerbasi diz no capítulo 10 de *Investimentos inteligentes*.

Quais são os fatores que tornam os Fundos de Investimento Imobiliário (FIIs) mais atraentes para investidores de perfil conservador?

Você considera os Fundos de Investimento Imobiliário adequados a seu perfil de investimento? Seja qual for a sua resposta, explique a seguir por que pensa assim.

Se você dispõe de um terreno em local valorizado da cidade, qual a melhor opção: vendê-lo ou construir um imóvel? Depois de responder, consulte o capítulo 10 de *Investimentos inteligentes* e veja o que o autor diz a respeito disso.

Benefício

Em *Investimentos inteligentes*, Gustavo Cerbasi mostra como compra e venda de imóveis pode ser um bom investimento dando como exemplo uma pessoa que comprava cartas de crédito contempladas com deságio, usava-as para adquirir imóveis por valores inferiores ao de mercado e os revendia, reformados, com boa margem de lucro. Em cinco anos, essa pessoa multiplicou um investimento inicial de R$ 50 mil e conquistou seu primeiro milhão. É claro que, para fazer isso, essa pessoa precisou dedicar tempo a essa atividade, pesquisando o mercado imobiliário, buscando oportunidades de realizar bons negócios e assumindo certos riscos.

Você está pensando na hipótese de constituir riqueza a partir desse tipo de atividade? Antes de tomar qualquer iniciativa, procure colher o máximo possível de informações sobre esse mercado. Não tenha pressa: leia jornais (principalmente os classificados) para saber quais são as regiões mais valorizadas de sua cidade, as que possuem maior potencial de valorização, as que oferecem melhores oportunidades; procure se informar a respeito de novos e promissores empreendimentos imobiliários; inteire-se da legislação que regula esse setor; avalie sua capacidade de investimento inicial; e assim por diante. Não há motivo algum para deixar de acreditar em sua capacidade, mas é importante ter a convicção de que você está preparado(a) para fazer desse investimento um motor seguro em seu processo de enriquecimento.

Caso

M., 26 anos, é músico e solteiro. Não possui renda elevada nem constante, pois toca em bares e festas eventuais, e não tem nenhuma poupança. Tem interesse em garantir um patrimônio do qual possa viver no futuro, mas está convicto de que não leva o menor jeito para investimentos e precisa de uma solução simples e compatível com sua solução instável. Quais recomendações você faria?

____

____

____

____

____

Sugestões de Gustavo Cerbasi

A baixa afinidade de M. com investimentos resulta em uma recomendação simples: ele deve investir, por muitos anos, uma pequena parte de sua renda — a receita de uma noite de trabalho é suficiente — em um plano de previdência privada com regime progressivo de tributação. Preferencialmente, com pequeno grau de participação em ações, como 10% ou 15% do patrimônio.

Debate

A seguir você encontra um trecho de *Investimentos inteligentes* (capítulo 10) no qual Gustavo Cerbasi mostra a estratégia que aprendeu com várias pessoas que enriqueceram com compra e venda de imóveis. São orientações bastante simples em termos de conceito, mas que exigem dedicação por parte daqueles que se dispõem a colocá-las em prática.

Pessoas que vivem da compra e venda de imóveis ou que, pelo menos, fazem dessa atividade uma maneira de formar uma renda extra podem explicar exatamente como procedem para identificar as melhores oportunidades e aproveitá-las da melhor maneira. É provável que você conheça algumas delas. No entanto, se conversar com esses especialistas, perceberá que alguns possuem hábitos, disciplinas ou costumes diferentes na hora de colocar em prática sua estratégia.

São essas diferenças que podem ajudar você a determinar seus passos no mercado imobiliário. Tente promover um debate, mesmo que informal, em sua casa, entre pessoas que trabalham diretamente com compra e venda de imóveis ou que façam isso com regularidade, mesmo que não vivam só desse tipo de investimento. Faça perguntas, proponha discussões, incentive a exposição de opiniões.

Na sequência de cada tópico, você encontrará um espaço. Utilize-o para anotar as observações, os conselhos e as dicas que ouvir durante esse debate. Aproveite para filtrar os mitos e as lendas para, desse modo, formar uma visão realista do potencial desse tipo de investimento em termos de lucratividade, prazos etc.

- Acompanhar os classificados. É por meio deles que você conhecerá o mercado, desenvolverá sensibilidade sobre o valor daquilo que quer investir e encontrará oportunidades.

- Identificar pessoas desesperadas para vender. Não é oportunismo, mas sim alguém resolvendo o problema financeiro de outrem, com a devida compensação financeira por isso. Conhecendo o mercado, eventualmente você encontrará pessoas com pressa de vender, o que facilitará a negociação para o seu lado. O "eventualmente" que cito pode ser uma questão de meses, mas a paciência e o longo prazo são características típicas do mercado de imóveis.

- Acordar cedo. Não adianta identificar uma oportunidade às oito horas da noite, pois, a essa hora, alguém já a aproveitou. É preciso que o investidor seja um dos primeiros a comprar os classificados e o primeiro a ligar para aquele que quer vender — mesmo que isso signifique tirar alguém da cama em um domingo.

- Comprar cartas de crédito contempladas. Há quem esteja desesperado para vender um imóvel, mas também não é difícil encontrar à venda nos classificados ofertas de cartas de crédito contempladas. Nesse caso, é quase certo que a pessoa realmente esteja precisando do dinheiro. Em geral, são pessoas que contrataram um consórcio, estão com dificuldades para manter as contas em dia, tiveram sua carta contemplada e precisam urgentemente fazer caixa para cobrir seus erros. Em geral, essas pessoas vendem as cartas com um deságio da ordem de 4 a 10% sobre seu valor.

Escolha

Se você não quiser assumir riscos desnecessários na hora de negociar um imóvel, a recomendação é que você conte sempre com um corretor para orientá-lo e para providenciar a documentação dentro de padrões aceitos pelo mercado e recomendados pelo CRECI. Este é o profissional mais capacitado para isso.

Porém, você não pode desprezar dois fatos importantes: primeiro, que ele está atendendo tanto a um comprador quanto a um vendedor, e ambos esperam que ele lhes faça o melhor negócio; segundo, que ele é um vendedor e, como tal, ganha suas comissões sobre o valor de venda. É difícil acreditar que ele batalhará para garantir a um comprador — o investidor, no caso — a melhor oportunidade de preço possível. Ele certamente batalhará pela oportunidade que gerará a melhor comissão para ele. Por isso, tenha em mente os seguintes truques de corretores de imóveis na hora de prospectar os imóveis em que investirá seu precioso capital:

- Se um corretor tem diversos imóveis à venda, jamais ele lhe apresentará no primeiro contato o imóvel que é mais atraente, mais bem localizado ou com maior potencial de valorização. Sempre as primeiras oportunidades oferecidas serão aquelas que ele está com dificuldade de vender há alguns meses. Portanto, nada de fechar negócio no primeiro contato, mesmo que lhe pareça atraente.

- A orientação anterior vale também para lançamentos de condomínios. O chamado espelho de vendas, que mostra as unidades ainda disponíveis, jamais mostra uma informação real. O que ele mostra são as unidades que devem ser priorizadas pelos corretores no início das vendas, para que não fiquem "micadas" por muito tempo. Os imóveis de maior atratividade serão disponibilizados em data posterior, para venda com aumento no valor da tabela. Quando visitar um plantão de vendas, principalmente em um lançamento, insista nas unidades que você gostar mais. Geralmente, as que estão disponíveis costumam ter algum sinal no espelho de vendas, como um adesivo de "vendido" colado torto ou em posição fora do padrão ou com cor ligeiramente diferente.
- Negocie a corretagem antecipadamente. Barganhar a corretagem depois de finalizado o negócio ou para ajudar a chegar no preço da contraparte é uma atitude extremamente deselegante, afinal o profissional trabalhou com base em uma expectativa de ganho. Porém, se essa expectativa não for conhecida por ambas as partes, alguém se sentirá lesado na hora do pagamento.
- Evite estabelecer de antemão um preço para compra ou venda de um imóvel, a não ser que você seja um

profundo conhecedor do mercado. Há corretores que, em vez de praticarem a corretagem, atuam como simples intermediários. Procuram pagar o mínimo para vendedores e cobrar o máximo dos compradores, ficando com uma gorda comissão, geralmente bastante superior à média de mercado — que fica entre 5 e 8% do valor da venda, ou menos para imóveis de grande valor. Procure corretores experientes e solicite que seu imóvel seja negociado pela melhor condição possível.

- Não pergunte a um corretor de imóveis se ele acredita que a região em que você está comprando um imóvel tende a se valorizar ou se a revenda será fácil. A resposta sempre será que sim, afinal ele lucrará com a venda da propriedade. Obtenha informações desse tipo em fontes isentas, como os sites da prefeitura municipal e do Secovi, institutos de estatísticas ou matérias jornalísticas.

Investimentos inteligentes, páginas 243-244

Capítulo 11

Estratégias inteligentes com compra e venda

Assimilação

Você se sente uma pessoa apta a ganhar dinheiro com compra e venda de bens ou imóveis? Justifique a sua resposta.

Caso a resposta à pergunta anterior tenha sido negativa, você acredita que pode aprender e se tornar um investidor com esse perfil? O que seria necessário? Pense em um prazo razoável para alcançar esse objetivo.

No capítulo 11 de *Investimentos inteligentes*, ao tratar das estratégias de enriquecimento por meio de compra e venda, Gustavo Cerbasi fala sobre seis atitudes fundamentais para conseguir uma boa negociação — aquela que pode render lucros de fato. A seguir, você encontra a lista, destacada do conteúdo do livro-matriz, e um espaço posterior a cada tópico, no qual você avalia sua postura em relação àquela atitude.

Pesquisa

As ofertas não trombarão com você. É preciso que você esteja onde elas também costumam estar, seja consultando periodicamente os classificados dos jornais e da internet, seja frequentando leilões, ou frequentando eventos do mercado em que você negocia. Quem conhece o mercado e está devidamente envolvido com ele é que recebe todos os dias um bombardeio de oportunidades.

Prontidão

Seja o primeiro a contatar quem vende ou quem faz uma oferta de compra, pois uma oferta sempre tem tanto reflexões racionais quanto emocionais. Quanto mais o tempo passar e quanto mais pessoas negociarem com o ofertante, mais a racionalidade vai dominando a emoção e mais difícil será a negociação.

Paciência

A regra acima se inverte quando o bem negociado é de baixa liquidez. A emoção suplanta a racionalidade à medida que o tempo passa e a negociação não se concretiza. Deixe o tempo trabalhar para que uma oferta melhor lhe seja feita.

Desinteresse

Se você demonstrar urgência na venda ou paixão na compra, está eliminada qualquer chance de você conseguir uma boa negociação. Não importa o tamanho da oportunidade, invente sempre uma história de outra oportunidade mais interessante que você tem em vista, como argumento para sua contraparte melhorar as condições de negociação.

Sucata de ouro

Em geral, bens mal cuidados ou com manutenção em atraso induzem a uma negociação abaixo do valor de mercado. Se você está vendendo, não se esqueça de "dourar a pílula", mesmo que isso exija algum pequeno investimento. Se está comprando, não despreze itens defeituosos e exija grandes descontos como compensação.

Deprecie

Sempre faça uma contraoferta abaixo do que você ou o mercado realmente acredita que vale o bem. Uma boa negociação envolve certo "estica-e-puxa", no qual o vencedor é aquele que consegue manter, com bons argumentos, o preço mais próximo de seu objetivo original.

Quais os principais cuidados que se deve ter em relação a imóveis colocados à disposição de compradores em leilões judiciais?

Há uma regra fundamental para não se perder dinheiro em leilões, mencionada por Gustavo Cerbasi no capítulo 11 de *Investimentos inteligentes*. Qual é essa regra?

Você já adquiriu algum bem em leilões virtuais para revendê-lo depois? Como foi essa experiência? Relate-a no espaço a seguir.

Você costuma tomar o cuidado de incluir os bens obtidos e revendidos via leilão em sua declaração do Imposto de Renda? Justifique sua resposta.

____

____

____

____

____

Benefício

"Saber separar o dinheiro dos negócios do dinheiro para consumo é uma das qualidades de bons investidores. Isso facilita o planejamento, evita compras que não podem ser sustentadas pelo padrão de vida do comprador e dá consistência ao processo de enriquecimento" (*Investimentos inteligentes*, capítulo 11).

Esse é um dos maiores obstáculos no processo de enriquecimento de muitas pessoas. Para elas, basta sobrar um pouco de dinheiro no fim do mês para ser gasto em alguma coisa. O hábito de usar apenas o necessário no consumo e o excedente na ampliação de seus investimentos não é muito fácil de ser desenvolvido, principalmente quando não há um objetivo bem definido. Exige disciplina e a convicção de um projeto de vida.

Se você parar agora e fizer uma avaliação de seu comportamento em relação ao dinheiro que ganha, acha que pode se considerar uma pessoa consciente desse mecanismo fundamental para a formação de riqueza — reaplicar os lucros para transformá-los em lucros ainda maiores mais adiante? Este exercício, um dos mais importantes deste livro, ajudará você a rever a relação entre receitas e despesas, permitindo a identificação de algum excedente hoje mal empregado e que pode ser direcionado para investimentos apropriados, potencializando sua riqueza.

Em primeiro lugar, faça uma lista minuciosa de seus gastos mensais. Não se limite às despesas fundamentais, como alimentação, moradia e assistência médica, entre outras; atenha-se aos detalhes, como os almoços e jantares de fim de semana, o cinema (incluindo a pipoca e o refrigerante), o aluguel de DVDs e assim por diante. Dá um pouco de trabalho, é verdade, mas vale a pena. Anote tudo em seu computador ou mesmo em um caderno. Pode ser que leve o mês inteiro, mas não desista.

Tendo feito isso, contabilize todas as suas receitas, tanto as regulares quanto as eventuais (um trabalho *freelance*, a venda de livros antigos em sebos, um valor recebido como presente de um parente etc.). Assim fica fácil saber se há um equilíbrio entre o que você recebe e o que gasta. Se as despesas forem superiores à receita, então você está em uma situação complicada e precisa imediatamente cortar custos, principalmente no que diz respeito aos supérfluos. Caso contrário, só estará acumulando dívidas.

Se, porém, houver um equilíbrio entre as duas coisas (considerando que seus gastos não se resumam ao essencial) ou mesmo um volume de entradas maior do que o de saídas, isso pressupõe a existência de um excedente que pode e deve ser investido. A questão é saber até que ponto você está disposto(a) a abrir mão do que esse excedente pode comprar.

Por exemplo, se você tem um *notebook* que satisfaz perfeitamente suas necessidades pessoais e profissionais, mas quer trocá-lo apenas para ter um mais novo e bonito, não há dúvida de que será desse excedente que você lançará mão para adquirir o aparelho mais moderno — a não ser que se conscientize de que não precisa do aparelho novo e se disponha a investir o excedente. Assim, daqui a um ou dois anos, quando seu *notebook* estiver realmente aquém de sua necessidade, o dinheiro investido ao longo desse tempo terá produzido rendimentos.

Repense todas as suas despesas. Isso não significa viver sem qualidade, e sim identificar aquilo que pode ser transformado em mais riqueza. Converse com seu cônjuge, com seus pais, com seus sócios, com quem for necessário para realinhar essa relação entre entradas e saídas. Você verá os resultados dessa iniciativa à medida que seu banco ou corretor apresentar os relatórios com os lucros obtidos a partir do investimento dos excedentes.

Caso

B., 76 anos, investe há mais de vinte anos a quase totalidade de seu patrimônio em ações, tendo acumulado um bom histórico de rentabilidade que lhe proporciona um forte sentimento de segurança. A maior parte dos rendimentos que obtém para manter sua vida vem de dividendos e renda de aluguel de ações. Questionado sobre a necessidade de adotar uma estratégia que lhe dê mais segurança, ele se mostra convicto ao afirmar que sua experiência o credencia a manter sua estratégia. Quais recomendações você faria?

Sugestões de Gustavo Cerbasi

Apesar da elevada capacidade de administrar riscos que o investidor possui, ele deveria levar em consideração que uma possível crise aguda no mercado em que investe não se limitará ao adiamento de seus projetos futuros; também incluirá anulação de grande parte de sua vida presente. Sua capacitação o dispensa de seguir fielmente a Regra dos 80, mas ele não deveria ter mais de 40% de seu consumo mensal dependente dos rendimentos de uma única modalidade de investimento. Ele deveria vender parte de suas ações para investir em outras formas de obtenção de rendimentos fixos, como imóveis para aluguel, títulos públicos com pagamento de cupom e um VGBL com regime de tributação progressiva.

Debate

Você costuma participar de leilões? Se ainda não teve essa oportunidade, saiba que muitas pessoas formaram um patrimônio considerável a partir dessa modalidade de investimento. Há aquelas que se especializam em obras de arte, comprando a preço baixo e revendendo com boa margem de lucro. É claro que são conhecedoras do negócio e, por isso, sabem quanto pagar em um mercado cheio de especificidades.

Outras se dedicam a participar de leilões judiciais ou de bancos. Pesquisando bastante, conseguem fazer ótimas aquisições a custo bem abaixo do mercado e revender, em alguns casos, com facilidade, o que garante ganhos em espaço de tempo relativamente reduzido. Isso é muito comum, por exemplo, com veículos. Para isso, essas pessoas ficam atentas ao calendário de leilões e procuram não perder nenhuma boa oportunidade.

Se você deseja participar dessa modalidade de investimento ou já participa, porém ainda não a conhece bem, reúna pessoas conhecidas para discutir quais as melhores maneiras de iniciar o envolvimento no mundo dos leilões. É pouco provável que os mais experientes abram o jogo, contando tudo o que sabem, mas uma discussão inicial ajuda bastante a elucidar alguns mistérios e garantir que, pelo menos, o investidor iniciante não cometa muitos erros — principalmente o da precipitação.

Mesmo que você e outros amigos e parentes interessados nesse tipo de investimento não consigam auferir lucros muito elevados no início, certamente evitarão perder dinheiro se puderem contar com orientações básicas. E o tempo concederá a vocês a experiência necessária para fazer os melhores negócios.

Escolha

Independentemente de onde ou como você compra e vende, como paga ou recebe e quanto tempo dedica às negociações, o que determinará seu sucesso como investidor é a atitude que adotará em relação a seu investimento. Quem compra e vende coisas, e não ativos financeiros ou imóveis, tende a negociar aquilo pelo qual se apaixona mais — afinal, tendemos a pesquisar aquilo que nos atrai —, e isso nos expõe ao risco de transformar nosso investimento em um bem de uso próprio. Esse deslize é comum, por exemplo, entre os que negociam automóveis.

Se isso acontecer, você quebrará a lógica do reinvestimento e estacionará sua riqueza em um patamar de desfrute. A partir daí, você terá que começar novamente, juntando dinheiro para repor o investimento que já esteve multiplicando riquezas para você e que agora está apenas consumindo riquezas — mesmo que seja pela simples perda de valor com o tempo e com o uso.

Por isso, a atitude a ser adotada é a de um negociador profissional, o que envolve:

- Não misturar os recursos destinados ao investimento com os recursos destinados ao consumo.
- Procurar colocar suas metas de resultados por escrito, evitando ceder a impulsos emocionais diante de uma situação de compra ou de venda.
- Ter disciplina para colher os frutos dentro de prazos compatíveis com a natureza de seu investimento.
- Dedicar-se a seus investimentos com certa rotina, com horas determinadas para pesquisar e fazer negócios, e também com horas determinadas para seu descanso, para que um dos custos de seu sucesso não seja a infelicidade familiar. Família é para tratar assuntos de família, e não de negócios.
- Levar a sério seu negócio, encarando-o como uma profissão qualquer e não como um bico. Isso faz com que as decisões também sejam levadas mais a sério e ajuda a evitar que você caia na armadilha de consumir seu ganha-pão.
- Organizar-se com uma contabilidade pessoal, por mais simples que seja, para que você não perca a real dimensão dos custos envolvidos em cada transação e acabe acreditando que ganha mais do que realmente acontece.
- Organizar-se para pagar os impostos sobre seu lucro.

Investimentos inteligentes, páginas 260-261

Capítulo 12

Estratégias de investimentos para uma vida equilibrada

Assimilação

Até que ponto a leitura dos capítulos anteriores influenciou sua postura e suas atitudes como investidor(a)?

____

____

____

____

____

No início do capítulo 12 de *Investimentos inteligentes*, o autor explica por que não abordou algumas modalidades de investimento, como a aplicação no mercado de opções, e explica o motivo. Que motivo é esse?

Um dos mitos que Gustavo Cerbasi derruba em seu livro é o do investidor que acerta sempre. Você está diposto(a) a correr riscos com o objetivo de realizar suas metas de enriquecimento?

Faça agora uma avaliação deste *Guia de estudo* e da obra do qual derivou. Assinale a alternativa que melhor resume seu aproveitamento do conteúdo. A seguir, justifique a sua resposta.

Ampliação do conhecimento que eu tinha do mercado de investimentos

( ) Muito útil
( ) Relativamente útil
( ) Pouco útil

Descoberta de alternativas que eu desconhecia antes da leitura

( ) Muito útil

( ) Relativamente útil

( ) Pouco útil

Aplicação das orientações em minha prática como investidor(a)

( ) Muito útil

( ) Relativamente útil

( ) Pouco útil

Renovação de conceitos que eu tinha sobre determinados conceitos e certas modalidades de investimento

( ) Muito útil

( ) Relativamente útil

( ) Pouco útil

O despertar de uma nova atitude em relação ao meu perfil como investidor(a)

( ) Muito útil

( ) Relativamente útil

( ) Pouco útil

Benefício

Para muitas pessoas, os temas abordados por Gustavo Cerbasi em *Investimentos inteligentes* constituem novidade. Há quem jamais tenha aplicado um centavo em fundos; outros não possuem a mínima noção do que signifiquem as siglas PGBL e VGBL; sem contar com as pessoas extremamente conservadoras, que passaram a vida inteira juntando dinheiro apenas na caderneta de poupança — não que essas coisas constituam um crime ou um pecado, mas significam que muita gente está perdendo a oportunidade de multiplicar sua riqueza por simples questão de desconhecimento ou receio.

São vários os relatos que chegam ao conhecimento do autor sobre pessoas que mudaram de comportamento a partir da leitura de *Investimentos inteligentes*, dedicando-se à compreensão mais profunda das várias modalidades de investimento disponíveis no mercado e reajustando suas aplicações. Em alguns casos, essa mudança foi radical.

Este *Guia de estudo* que você tem em mãos é mais uma ferramenta para ajudar nessa transição. Os exercícios, as reflexões e as avaliações aqui propostas têm como objetivo estimular o leitor no sentido de rever seus conceitos em relação aos tipos de investimento que mais lhe interessam ou parecem apropriados e, assim, aproveitar da melhor maneira as alternativas que o mercado oferece. Se a obra matriz é desafiadora — você também pode enriquecer sem mágica ou fórmulas, usando apenas a inteligência e a perseverança —, *Investimentos inteligentes: Guia de estudo* é a melhor maneira de avaliar sua aptidão e sua disposição para vencer esse desafio.

Por isso, faça agora mesmo três listas. Na primeira você incluirá todos os investimentos que fazia antes da leitura da obra de Gustavo Cerbasi. Ao lado de cada um deles, descreva como as orientações, os conselhos e as observações do autor mudaram seu modo de encarar aquele tipo de investimento. A outra lista deve conter as modalidades de aplicação de dinheiro que você nunca considerou até então, mas que lhe parecem apropriadas ao seu perfil. A última lista será dos tipos de investimento que você nunca fez antes e que, depois da leitura de *Investimentos inteligentes* e deste livro, continuou convicto(a) de que não são adequados.

Não tenha pressa para elaborar essas listas. Na verdade, elas serão como uma revisão de tudo quanto você leu nas páginas deste livro e da obra que o originou. Também servirão como uma espécie de guia, garantindo mais foco para suas novas iniciativas em termos de investimento. Mesmo que, com o tempo, você se considere em condições de ampliar seu perfil como investidor(a), será bem melhor começar com aquilo com que mais se identifica.

Caso

W., 17 anos, acaba de receber sua primeira bolsa-estágio de meio salário mínimo. Antenado com a oportunidade de enriquecer, quer investir a quase totalidade dessa sua primeira renda para iniciar um projeto rumo ao primeiro milhão. Para isso, pensa em fazer um curso sobre como investir em ações oferecido em sua faculdade. Quais recomendações você faria?

____

____

____

____

____

Sugestões de Gustavo Cerbasi

A juventude realmente permite a W. optar por uma carteira mais arrojada, pois ele tem pouco a perder e muito tempo para esperar a recuperação de eventuais crises. No entanto, a decisão de investir tempo e dinheiro na contratação de cursos merece ressalvas. Seu tempo deveria ser aproveitado para fortalecer sua carreira, fazendo cursos de idiomas e de especialização em sua profissão. Cursos sobre investimentos deveriam ser uma preocupação secundária, com preferência para cursos gratuitos. O investimento adequado a seu momento de vida seria um plano de previdência privada, modalidade VGBL, regime de tributação progressiva, com uma composição de carteira arrojada, podendo chegar a 49% da participação em ações (o máximo possível em um plano de previdência). Uma observação importante: não comprometer a totalidade dos ganhos com o investimento. Ele deve aproveitar para melhorar seu padrão de consumo ou mesmo viabilizar a contratação de cursos de melhor nível.

Debate

Pouca gente termina a leitura de *Investimentos inteligentes* sem mudar alguma coisa em seu perfil como investidor. Se isso está acontecendo com você, não há nada de surpreendente — é provável que várias pessoas conhecidas, como parentes, colegas de trabalho e amigos, também tenham passado por essa experiência.

Por isso, talvez a melhor maneira de terminar a leitura seja promovendo um debate com outros leitores deste *Guia de estudo* e da obra que deu origem a esta sequência. É hora de trocar ideias, falar das mudanças de conceito promovidas a partir de uma compreensão mais apurada do mercado financeiro e de suas alternativas, discutir conclusões e até mesmo ouvir opiniões a respeito de seu perfil como investidor(a). Esse debate não precisa ser formal, porém é interessante montar uma espécie de roteiro para permitir que a discussão mantenha uma lógica.

A seguir, você encontrará um modelo de *script* bem simples, em forma de lista, com três tópicos gerais de discussão. Peça a todos os participantes desse último debate que preencham essas listas. Assim, ficará mais fácil organizar a troca de ideias e manter o foco das discussões. Se o tempo for insuficiente, divida o debate em três para que todos tenham tempo de falar e ouvir com tranquilidade. Essa troca de informações e opiniões ajudará a tirar resíduos de dúvidas, fazer os últimos ajustes e consolidar um projeto pessoal de investimentos.

Tópico 1: O que eu desconhecia e o livro me ajudou a descobrir.

____

____

Tópico 2: O que eu achava que conhecia, mas o livro ajudou a mudar meus conceitos.

Tópico 3: O que eu conhecia e o livro contribuiu para reforçar as minhas convicções.

Escolha

Aprender mais sobre investimentos é importante, mas tão importante quanto aprender a cuidar de seu corpo, de sua mente, de sua carreira, de suas relações sociais e de seu papel no mundo. Por isso, acredito que o bom investidor não é aquele que vive para os investimentos, mas sim aquele que vive dos investimentos, e vive muito bem. Se você ainda está longe dessa realidade, que esteja no caminho para se tornar um ótimo investidor.

Por mais que os investimentos adquiram importância em seu dia a dia, tente automatizar ao máximo suas escolhas. Essas escolhas devem começar desde já, partindo de uma espécie de *checklist* pessoal. Lembre-se de:

- Criar uma reserva de emergências, mantida com muito conservadorismo em um fundo de renda fixa de curto prazo ou Caderneta de Poupança, equivalente a, pelo menos, três meses de seu consumo mensal familiar. O dinheiro deve estar em uma conta de acesso rápido para emergências, como reparos em sua casa ou despesas médicas inesperadas. Quando o saldo de sua reserva de emergências ultrapassar o equivalente a três meses de despesas, transfira o excedente para investimentos mais eficientes e de longo prazo.
- Tire vantagem de um Plano de Previdência Privada, por mais que você se considere um grande investidor. Se for assalariado, com retenção de IR na fonte, contrate um PGBL para receber de volta parte do imposto retido. Se não for, estude com um corretor a contratação de um VGBL para contar com benefícios fiscais nas retiradas ou para facilitar a vida de sua família diante de uma interrupção de planos.
- Relacione-se apenas com bancos e corretoras que sejam de sua confiança. Se incidentes ou falhas no atendimento comprometerem a comunicação entre você e seu gerente ou corretor, mude de instituição. Há muita oferta de bons serviços à disposição dos investidores.

- Identifique seu perfil de investidor com a ajuda de um profissional ou, na falta dele, seguindo a Regra dos 80. Defina quais são suas metas e seus prazos para investir e esteja atento a seu sentimento diante do risco de sua escolha. Não hesite em tornar mais conservadores seus investimentos, se eles estiverem trazendo aborrecimentos ou lhe tirando o sono.
- Programe o rebalanceamento de seus investimentos, mantendo sua carteira dentro de limites saudáveis para sua idade e afinados com seus objetivos. Mas seja coerente com o longo prazo, evite ficar mudando de um investimento para outro. No mundo dos investimentos, a atividade é custo, e não progresso.
- Esteja sempre preparado para crises nos investimentos. Elas ocorrerão, sem dúvida, e criarão situações desconfortáveis para você e para seu plano de enriquecimento. Aceite, porém, que viver desconfortavelmente é parte do processo de enriquecimento, e lute contra seu medo para suportar as oscilações de valor. Investidores de sucesso continuamente se posicionam em situação de desconforto. Pense três vezes antes de vender um ativo durante uma crise. Você deve sempre lembrar que crises são oportunidades de comprar com desconto.
- Invista na realização de seus sonhos. Quantifique-os e foque em sua conquista. Para objetivos com prazo inferior a um ano, conte com a Caderneta de Poupança; para os de prazo mais longo, conte com os investimentos que você escolher para incrementar ganhos no longo prazo.

- Automatize seus investimentos, sempre que possível. Se seus planos incluem a aplicação de determinada quantia em certo fundo durante alguns meses, faça-a por meio de débito automático — normalmente, agendado via Internet ou com seu gerente. Se for investimentos em ações, programe ao menos a transferência de recursos para a conta da corretora. O esquecimento é boa desculpa para o fracasso de um plano.
- Siga um plano pessoal, detalhadamente transcrito em uma planilha ou um caderno, para que você possa ajustá-lo de tempos em tempos.
- Procure fazer um diário de suas transações, registrando o que motivou a compra ou a venda de um ativo. Quando você ganhar ou perder, ficará mais fácil identificar os motivos dos erros e acertos. Provavelmente, este diário será sua melhor fonte de conhecimento para escolhas futuras mais maduras.
- Cuide de sua honestidade e retidão de caráter. Pague os impostos devidos e deixe de pagar se a lei permitir. Compartilhe boas ideias e trabalhe as oportunidades de mercado de maneira digna, sem explorar a ignorância de quem confiar em sua orientação. Um bom sono é o melhor indicador de eficiência de seus investimentos.

Investimentos inteligentes, páginas 264-266

Cabe a você aproveitar, ao longo da vida, a experiência de meu trabalho, o qual apresentei no decorrer deste livro. Como diz o velho ditado, *quem não arrisca, tem 100% de chances de não acertar.* Bons investimentos!

Gustavo Cerbasi

Contatos com o autor:
www.maisdinheiro.com.br

Este livro foi composto em Bembo 12/18 e impresso pela Edigráfica sobre papel Pólen bold 90g para a Thomas Nelson Brasil em novembro de 2012.